Eugen Drewermann
Reden gegen den Krieg

Eugen Drewermann
Reden gegen den Krieg

Patmos Verlag

EUGEN DREWERMANN veröffentlichte 1991 im Patmos Verlag das Buch *Reden gegen den Krieg.*
Das vorliegende Buch besteht aus einer Auswahl der Texte von 1991 und versammelt darüber hinaus neun neue Beiträge.

Die Deutsche Bibliothek – CIP-Einheitsaufnahme
Drewermann, Eugen:
Reden gegen den Krieg / Eugen Drewermann. –
Düsseldorf: Patmos-Verl., 2002
ISBN 3-491-72466-x

Umschlaggestaltung: Groothuis & Consorten, Hamburg
Satz: Fotosatz Moers, Mönchengladbach
Druck und Bindung: Bercker, Kevelaer
ISBN 3-491-72466-x
www.patmos.de

Alles wird wiederkommen, wenn wir uns nicht erinnern. Darum möchte ich, daß dies ein Menetekel sei in Ihren Seelen, das sich eingräbt bis zum Jüngsten Tag, und daß Sie's erzählen Ihren Zeitgenossen und Ihren Kindern. Ein solcher Krieg wie dieser darf nicht mehr sein, an keinem Platz der Erde. Das ist die Lehre aus dem Krieg um Kuwait.

Schlußwort aus: Reden gegen den Krieg, 1991

Inhalt

Vorwort

«Le sang d' un seul homme est d' un plus grand prix que la liberté du genre humain.» – «Das Leben eines Einzelnen ist kostbarer als die Freiheit der Menschheit.» Es verdient, diesen Satz JEAN-JACQUES ROUSSEAUS in Erinnerung zu rufen, in einer Zeit, da die laufende Militäraktion der Amerikaner unter dem Codenamen *«Dauerhafte Freiheit»* auf viele Jahre hin, wie es heißt, und in unbekannt wie vielen Ländern, nach dem Entschluß des Bundestages vom November 2001 den Einsatz deutscher Soldaten in «unbedingter Verbundenheit» mit den USA erforderlich machen wird und *soll!*

Die in dem vorliegenden Buch vereinigten Reden, Artikel und Aufsätze aus der Zeit zwischen 1991 und 2001 lesen sich im Rückblick wie ein Rechenschaftsbericht einer offenbar gradlinig geplanten Remilitarisierung der deutschen Außenpolitik. Die entscheidende Weichenstellung erfolgte 1989 mit der «Wiedervereinigung» – MICHAIL GORBATSCHOW hatte sie ursprünglich mit dem Austritt Deutschlands aus der NATO verbinden wollen. Da also tauchte sie mit einem Mal wieder auf, die Idee des polnischen Außenministers ADAM RAPACKI von der Schaffung einer atomwaffen- und überhaupt einer militärfreien Zone in Mitteleuropa als einem ersten, wesentlichen Schritt weltweiter Entspannung und Abrüstung. *Abgelehnt* im Mai 1958 von den USA. Abgelehnt erneut von den USA im Jahre 1989. Über finanzielle Zusagen erkaufte man sich von dem bankrotten Sowjetimperium den Verbleib des vereinigten Deutschlands im westlichen Militärbündnis, das man geostrategisch nach Osten zu «erweitern» gedachte. Als die einzig verbleibende «Großmacht» hatten die USA beschlossen, der Welt eine neue, *ihre* «Ordnung» vorzuschreiben: die Verwandlung der Erde in ein globales Wirtschaftsnetz, dessen Fäden spinnengleich von den USA selbst gewoben und gezogen würden; und in diesem Netz der militärisch abgesicherten Globalisierung der westlichen Wirtschafts«ordnung» sollte Deutschland eine wesentliche Rolle übernehmen.

Nun könnte man über politische Konzepte mit politischen Argumenten entlang dem Kalkül bestimmter Vor- und Nachteile für die jeweiligen Bezugspartner ausgiebig diskutieren. Indiskutabel hingegen ist und war die Art und Weise, wie in der KOHL-Ära die Umwandlung der NATO von einem «Verteidigungsinstrument aus der Zeit des Kalten Krieges in ein Herrschaftsinstrument der westlichen Welt gegen die restliche Welt «vollzogen» wurde. Man empfand nicht das geringste moralische oder gar religiöse Problem dabei. Bis dahin war den Deutschen bedeutet worden, daß sie all die Scheußlichkeiten des «konventionellen Krieges» und sogar des atomaren, des «bakteriologischen» und des «chemischen» Krieges, mithin die Massentötung von Millionen Menschen in wenigen Minuten (man rechnete damals 1 000 000 Tote = 1 Megatod, um militärisch die Übersicht über das geplante Kampfgeschehen zu behalten), trainieren und lernen müßten, um sie in der Gebärde der Drohung *vermeiden* zu können. Man handelte nach der Devise der alten Römer: «Si vis pacem, para bellum» – Friedenswille ist Kriegsbereitschaft. Nach dem Zusammenbruch des Warschauer Paktes feierte GEORGE BUSH sen. die NATO (und das amerikanische Militär) als die wahre «Friedensbewegung»: Man hatte den Kalten Krieg «gewonnen», und man fühlte sich nicht nur militärisch, sondern auch moralisch als «Sieger». Den Preis des Triumphes, basierend auf vier Jahrzehnten konsequenter Dialogverweigerung und eines besessenen Wettrüstens, verschwieg man geflissentlich: 50 Millionen Tote jährlich (mehr, als der ganze Zweite Weltkrieg in

Europa und Ostasien in sechs Jahren an Menschen gefressen hatte), das tägliche (!) Aussterben von 150 Tier- und Pflanzenarten, die endgültige Abkoppelung der «Ersten» Welt von der Dritten Welt durch strukturell ungerechte Austauschrelationen von Rohstoffen und Fertigwaren auf dem Weltmarkt, die dramatische Zuspitzung aller ökologischen Probleme durch die ungelöste Frage wachsender Überbevölkerung...

Was eigentlich, muß man sich fragen, sind das für Menschen, die den möglichen Massenmord an Hekatomben von Menschen und Tieren für ein politisches Kalkül von «Verantwortung» und «Verteidigung» hoher menschlicher Werte erklären? Man übersah oder wollte ganz einfach nicht sehen, welch ein moralisches Dilemma mit einer solchen «Strategie» des «Gleichgewichts des Schreckens» verbunden war: um die «freie» Welt zu schützen, mußte man alles zerstören, was als «Humanität» gelten mochte. Die schreckliche Alternative des «Du oder Ich» die man auf allen Kasernenhöfen der Welt bereits den 18jährigen pflichtgemäß zur Verteidigung des «Vaterlandes» und seiner «Werte» beigebracht hatte, weitete sich aus in die Bereitschaft, auf Befehl, etwa von ubootgestützten Basen aus, Großstädte wie Peking oder wie Moskau mit Wasserstoffbomben anzugreifen. Man hatte längst jegliche Unschuld verloren, ehe man sich zum Gewinner derartiger Horrorszenarien eines wahnhaften Machtrausches und eines kompletten Verlustes menschlicher Gefühle küren zu können glaubte. Die Deutschen aber besaßen bis 1989 immerhin den «Vorteil» der Doppelbödigkeit eines moralischen Splittings: wir lernten die Technik des militärischen Holocausts in der Absicht, das Äußerste durch Bereitschaft zum Äußersten nicht tun zu müssen. Immer aber galt der Grundsatz: Von deutschem Boden wird nie wieder Krieg ausgehen. Irgend etwas sollten und wollten wir als die Musterschüler der USA aus dem Desaster des «Dritten Reichs» doch gelernt haben.

Ab 1989 hatten wir, ohne es recht zu bemerken, umzulernen.

Die *neue* Lektion lautete, daß wir von HITLER nur «befreit» worden waren durch den Krieg, den die USA und ihre Verbündeten gegen Nazi-Deutschland geführt hatten. Die Möglichkeit des Krieges mußte also als politische Option erhalten bleiben, um den Fehler des Münchener Abkommens von 1938 nicht noch ein zweites Mal zu begehen. Gegen «Hitler», so das Argument jetzt, hilft nur äußerste militärische Entschlossenheit. Der Nazi-Krieg war ein Verbrechen, doch um «Auschwitz» zu verhindern, muß man immer erneut zum Krieg bereit sein. Zwar wurde der Zweite Weltkrieg gegen das HITLER-Regime niemals mit dem Ziel geführt, die systematische Ermordung von 6 Millionen europäischer Juden zu verhindern, die Rechtfertigung kam später; um staatsterroristische Verbrechen, wie Genozid und flagrante Verstöße gegen die Menschheit auszuschließen, ist es unter Umständen anscheinend nötig, militärische Aktionen nach Art eines internationalen Polizeieinsatzes durchzuführen. Gerade aus der eigenen Geschichte sollen wir Deutschen nach 1989 offenbar zu eben dieser Konsequenz bereit sein.

Tatsächlich haben die USA niemals einen Krieg geführt, den sie nicht, wie soeben GEORGE W. BUSH jun. beim Krieg in Afghanistan, als einen «monumentalen Kreuzzug gegen das Böse» ausgegeben hätten. In der zweiten Hälfte des 20. Jahrhunderts wurden sämtliche Kriege von seiten der USA motiviert mit dem Ziel, «Hitler» zu verhindern oder zu beseitigen. Was aber ist das für eine Macht, die dieser Mann aus Braunau besitzt, daß er uns selbst nach mehr als 50 Jahren noch das Gesetz des Handelns vorzuschreiben vermag?

Seit Jahrzehnten besteht an dieser Stelle ein Denktabu der «politischen Korrektheit». Wer irgend versucht, das Phänomen «Hitler» zu erklären und damit das Ungeheuerliche als eine Möglichkeit menschlichen Handelns verständlich zu machen, gerät in den Verdacht, den Holocaust zu relativieren, wo nicht gar zu entschuldigen. Die Wahrheit aber ist gerade umgekehrt:

Wir werden solange in dem Bann der HITLER-Obsession gefangen bleiben, als wir den Faschismus des Dritten Reiches als «das Böse an sich» betrachten und es wie einen Stein des Teufels vom Himmel fallen sehen. Ein Arzt, der die Ursachen einer Krebserkrankung zu ergründen sucht, verharmlost nicht die Krankheit, er verschafft sich überhaupt erst die Mittel, sie wirksam zu bekämpfen. Die Frage lautet daher nicht: Wie beseitigt man «Hitler»? sondern: Wie kommt es dahin, daß «Hitler» überhaupt möglich wird, und was läßt sich tun, die Bedingungen dafür gar nicht erst zustande kommen zu lassen? Dann wird man sehr bald sehen, daß es nicht möglich ist, mit dem HITLER-Argument den Pazifismus als politisch «unverantwortlich» oder als idealistische Utopie zu «widerlegen». Im Gegenteil: Nicht «der Pazifismus hat Hitler möglich gemacht», sondern: Hätte man nach 1918, am Ende eines Krieges, in dem man mehr als 10 Millionen Menschen in den sogenannten Materialschlachten hingemordet hatte, einhellig und gemeinsam sich als schuldig an dem Verlust der Menschlichkeit bekannt, – es hätte ein offenbar pathologischer Charakter wie der deutsche «Führer» niemals eine Chance erhalten, zum Kondensationskern der Gefühle von Ohnmacht, Haß und Rache eines ganzen Volkes zu werden.

Und weiter gefragt: Wie soll es überhaupt möglich sein, mit den Greueln des Krieges das Grauen von Auschwitz «widerlegen» zu wollen? Richtig sah MAHATMA GANDHI 1945: «In Dresden und Hiroshima», sagte er, «ist Hitler mit Hitler besiegt worden.» Gerade wenn man den Mechanismus begreift, der hinter dem Wahn von Rassismus und Militarismus steckt, wird man den gemeinsamen Kern von beiden bemerken und erkennen, daß man mit militärischen Mitteln dem Kreislauf von Gewalt und Gegengewalt, von Terror und Gegenterror *niemals* entkommen wird. Statt die Welt mit immer monströseren «Waffen» «sicherer» zu machen, breitet sich das Feld der Instabilität und der wechselseitigen Bedrohung nur immer weiter aus.

«Weltverantwortung» hätte für uns Deutsche 1989 daher bedeuten können, ein Beispiel zu geben, wie es möglich ist, eine wirkliche Friedenspolitik im Kampf gegen die weltweiten Ursachen endlos neuer Kriege einzuleiten. Statt dessen ließen wir uns Schritt für Schritt im Rahmen der «Solidarität mit den Amerikanern» und zur «Verteidigung der westlichen Wertegemeinschaft» sogar in noch teuerere Rüstungsvorhaben hineinziehen und uns die Bereitschaft auferlegen, in künftigen Kriegen selbst eine «aktive Rolle» zu übernehmen. Seither werden wir töten müssen. Seither werden wir uns anhören, daß die Welt «sich geändert» habe und verantwortungsethisches Handeln nun einmal auch wieder Wehrwillen und Kriegsbereitschaft verlange. Doch handelt man wirklich «verantwortlich», wenn man in ORWELLscher Manier den Krieg umlügt in einen «Friedenseinsatz»? Wenn man das Militär als «Friedenstruppe» vorstellt und vorgibt, es gehe künftig einzig um so hehre Ziele wie Freiheit, Gerechtigkeit oder um «die Vernichtung der Gewalt»? Schon 1918 konnte STEFAN ZWEIG entsprechend dem Motto des ROUSSEAU zweifelnd notieren: «Gewalt soll das Ende aller Gewalt erzwingen. Blut nur noch deshalb fließen, damit nie mehr Blut vergossen werde. Aber wer bürgt für die Gewißheit? … Schöne Fahnen sind sie, leuchtend im Wind, die Ideen, aber entsetzlich, sobald stürmenden Regimentern vorangetragen. *Keine Idee ist eine ganze Wahrheit, aber jeder einzelne Mensch ist eine ganze Wahrheit.* Dies, nur dies, scheint mir ins Bewußtsein der verwirrten Menschheit einzuhämmern wichtig, diese eine Umwertung im Gefühl der Menschheit zu befördern: die Entwertung der Ideen, die Höherwertung des einzelnen Menschen.»

Die *Predigten* in diesem Buch sagen es in der Sprache der Religion: «Niemand, der über Leichen geht, kann den Weg Jesu gehen.» Erst wenn wir die Bereitschaft zu *jedem* Krieg, gleich zu welchem Ziel und aus welchem Grunde, endgültig aufgeben, werden wir das Irrenhaus der menschlichen Geschichte verlassen.

Neue Westfälische, 18. September 2001

Krieg ist Krankheit, nicht Therapie

«Das ist Krieg», erklärt der amerikanische Präsident GEORGE W. BUSH, und er hat recht. Der Terror hat eine neue Dimension erreicht. Schrecklich ist nicht nur, was am 11. September 2001 geschah, schrecklicher noch ist, wie es geschah. Flugzeuge wurden bislang entführt, um durch das zynische Spiel mit Menschenleben politische Ziele zu erpressen; vier Flugzeuge mit 260 Menschen an Bord in Bomben zu verwandeln, die Tausende töten – das gab es noch nie. «Alle sind unsere Feinde, ob Soldaten, ob Zivilisten. Das ist ein heiliger Krieg», soll OSAMA BIN LADEN gesagt haben. Die Tat trägt die Züge dieses Geistes.

Doch wes Geistes Kinder sind wir? Da fällt das Wort: Krieg!, und plötzlich fallen wir wie durch einen dunklen Schacht um Jahrtausende zurück in die Zeit der Vormenschlichkeit. «Der Krieg» – schrieb CLAUSEWITZ vor über 200 Jahren – «hat die Tendenz, zum Äußersten zu schreiten.»

Das ganze 20. Jahrhundert bestätigt diese These. Das planquadratweise Ausrotten von Menschen mit allem, was zum Morden taugt, mit Bajonetten, Handgranaten, Giftgas, das in den Lungen zu Salzsäure wird, Kettenfahrzeugen, die über Menschenleiber hinwegfahren – mehr geht nicht, glaubte ERICH MARIA REMARQUE um 1930. Es ging! Flächenbombardements 1939 auf Warschau, 1940 auf Rotterdam, 30 000 Tote im Feuersturm von Hamburg 1943, 70 000 Tote im Terrorangriff auf Dresden 1945, 100 000 Tote in wenigen Sekunden am 6. August 1945 um 8.15 Uhr in Hiroshima, 80 000 Tote drei Tage später in Nagasaki … Immer noch nicht genug! Man brauchte die Wasserstoffbombe, man brauchte die Neutronenbombe, man zeigt sich willens, für 120 Milliarden Dollar, das sind rund 200 000 Millionen Mark, den «Krieg der Sterne» als «Sicherheitsschutzschild» vorzubereiten; doch wir kommen aus der Spirale der Angst, der Gewalt und der Gegengewalt nicht heraus, solange wir unter Frieden immer noch den Sieg über mögliche Feinde und unter Sicherheit immer noch die maximale Kapazität zum Töten verstehen.

Ist ein Krieg ein legitimes Mittel der Politik, wenn er von einer rechtmäßigen Autorität wie dem Staat erklärt wird? So dachten die Römer, so lehrte AUGUSTIN. Doch Staaten können verbrecherisch sein, das zeigt das 20. Jahrhundert. Und was ist mit den Völkern, die beanspruchen, Staaten zu bilden, doch durch Unterdrückung daran gehindert werden? Jede Freiheitsbewegung, mit Ausnahme Indiens unter dem wunderbaren MAHATMA GANDHI, mußte durch den Blutsee des Terrors waten, weil ihr die Kolonial- oder Territorialmächte die Freiheit verwehrten, die Vietnamesen gegen Franzosen und Amerikaner, die Algerier gegen die Franzosen, die Kenianer gegen die Briten … Staatenbildung durch Terror – das war die Auflösungsphase des «Rechts» der westlichen Welt auf den Rest der Welt. Staatsterror, Gegenterror und im Erfolgsfall, wenn man unmenschlich genug war, «durchzuhalten», die internationale Anerkennung. Was ist da «gut», was «böse», wenn alle Maßstäbe dahinfallen?

Das Grauen vom 11. September bietet eine Chance innezuhalten. Nichts sei mehr wie vorher, schreiben die Gazetten; doch die wirkliche Wandlung steht aus. Sie bestünde darin, den Krieg als solchen, egal von wem, egal für wen, zu ächten und der Gewalt in jeder Form, gleich für welches Ziel, entgegenzutreten. Einen «monumentalen Krieg gegen das Böse», ruft soeben GEORGE W. BUSH aus. Doch dürfen wir derart in mythischen Größen nach Schwarz und Weiß die Welt einteilen? Tun nicht genau das auch die «Gegner», die wir bekämpfen wollen? Können wir die «Hölle» besiegen, wenn wir durch unsere eigenen Taten selbst fähig zum Schlimmsten werden und jedes «Teufels» noch Herr und Meister sein wollen?

Wir wollen und müssen den Terrorismus bekämpfen; doch wie? Da warten 15 bis 20 Millionen Kurden auf Freiheit, zum Teil auf NATO-Gebiet, und man spielt mit ihnen Aufstand gegen SADDAM HUSSEIN; da warten 2,5 Millionen Palästinenser auf das Recht auf Selbstbestimmung, und man zeigt sich außerstande, die Verzweiflung zu begreifen, die Menschen in den Selbstmord treibt; da sterben nach Schätzungen der UNO durch das amerikanisch-britische Handelsembargo gegen den Irak pro Monat etwa 3000 Menschen an Mangelversorgung – das sind in zehn Jahren seit 1991 rund eine Million Menschen – ein stummer Krieg, fast unbemerkt; da rüstet man die Taliban im Kampf gegen die sowjetische Besatzungsarmee auf, nur um Afghanistan jetzt zum Erzfeind zu erklären; da rüsten wir uns hoch aus Angst vor einem «Schurkenstaat» wie Nordkorea. Nun denn: In Nordkorea starben in den letzten drei Jahren Millionen Menschen an Hunger; wie befreundet könnte Nordkorea uns sein, würden wir auch nur ein weniges aus dem «Nationalen Verteidigungs-Fonds» für den Krieg der Sterne einsetzen zugunsten der Menschen in Not!

Wir könnten Meerwasser entsalzen, wir könnten die Sahara fruchtbar machen, wir könnten 25 Millionen AIDS-Kranken weltweit helfen, wir könnten die Lepra beseitigen, die Malaria eindämmen … – wir könnten die Ursachen von Krieg, Terror, Haß und Verzweiflung bekämpfen.

Doch dann müssen wir aufhören, an «Vergeltung», «Strafe» und «Rache» zu glauben; dann müssen wir aufhören, wie ein Massenblatt der Springer-Presse dieser Tage, Menschen «ewige Hölle» zu wünschen; dann müssen wir aufhören, die Symptome einer menschheitlichen Krankheit «chirurgisch» entfernen zu wollen, deren Keime wir selber verbreiten. Krieg ist kein Heilmittel. Er ist die Krankheit selbst. Und Sicherheit gibt es nur durch Menschlichkeit und Verständigung, nicht durch «Stärke», «Härte», «Kontrolle» und den Willen zum «Zuschlagen».

Es sollte eine Chance genutzt werden, dem paranoischen Kreislauf der Geschichte zu entrinnen. Oder – wir lernen mal wieder das Falsche. Wie sagte doch jemand vor 2000 Jahren: «Leistet dem Bösen nicht Widerstand, indem ihr selber das Böse tut.» Oder: «Besiegt das Böse durch das Gute.»

Der Freitag, Nr. 44, 26. Oktober 2001

Unserer Sicherheit zuliebe

Sicherheit! Sie scheint uns jedes Opfer wert. 50 Milliarden DM für Rüstung jedes Jahr in Deutschland, die Stärkung der «Kampfkraft» der Bundeswehr zum «Eingreifen» überall auf der Welt, 120 Milliarden Dollar für einen Raketenschutzschild der USA – uns gilt das alles immer noch für «Verantwortung», «Staatsräson», «Bündnistreue» und was sonst. Leute, die dieser verordneten Einheitsmeinung der «Ordnung» widersprechen, riskieren inzwischen wie jener friedlich gesonnene Lehrer in Siegen sofortige Kündigung wegen «Störung des Schulfriedens». Man merke: Friede – das ist die Bereitschaft zum Töten auf Befehl, die permanente Fähigkeit zu massiven «Vergeltungsschlägen», die allgemeine Akzeptanz maximaler Tötungskapazität. Seit den Schrecknissen des 11. September 2001 wird die Militarisierung der deutschen Außenpolitik geradezu hektisch vorangetrieben – wenn nur endlich die Amerikaner von Kanzler SCHRÖDERS Angeboten im Kampf gegen den internationalen Terrorismus Gebrauch machen wollten! Es täte der Wehrbereitschaft der Deutschen – und der darbenden Rüstungslobby – so gut! Doch was ist das, was wir da mit allen Mitteln produzieren?

Sicherheit? Nie hat sich die Welt so dicht am Abgrund befunden wie heute. Wie denn auch nicht, wenn wir uns stetig weigern, an die wirklichen Probleme der Welt auch nur zu rühren? 1963 versprach die Bundesrepublik, für Entwicklungshilfe 0,7 Prozent des Bruttosozialprodukts bereitzustellen. Nicht gerade viel, wenn man bedenkt, daß allein 4 Prozent für die Werbung zur «Belebung» eines überfüllten Marktes ausgegeben werden.

Doch wer würde glauben, daß wir von dieser Zusage in 38 Jahren nicht einmal die Hälfte einzuhalten gewillt waren? 0,4 Prozent – das war das Äußerste. Dabei sterben jährlich über 50 Millionen Menschen an Hunger. Die Hälfte unserer Militärausgaben würde ausreichen, sie am Leben zu halten, doch eben dazu kommen wir nicht, unserer «Sicherheit» zuliebe. Derweil staut sich an den Rändern unseres Wohlstandes das Elend, wächst die Gewalt, wächst die Verzweiflung. Kommen die Menschen dann auf der Flucht vor dem Nichts zu uns, definieren wir sie als Wirtschaftsasylanten, die keinen Aufenthalt verdienen. Wir schließen europaweit die Grenzen, ganz als könnten wir nach dem verfehlten Vorbild der Römer einen Limes gegen die Völkerwanderung des Elends errichten. Nur, jeder weiß, daß es so auf Dauer nicht gehen wird.

Mit unserem militärisch definierten Sicherheitsdenken suchen wir uns erkennbar gegen die Folgen dessen zu schützen, was wir durch unser Verhalten selber anrichten. Wir bekämpfen die Symptome einer Krankheit, deren Ursachen wir mit unserer Fixierung auf die Symptome nur mehr verbreiten. Dabei stünde der Ausweg aus diesem Teufelskreis scheunentorweit offen.

Ein Beispiel: Mitte des 19. Jahrhunderts brach in Irland eine schwere Hungersnot aus. Zwei regennasse Sommer hatten die Kartoffeln in der Erde verfaulen lassen, so daß es nicht einmal mehr Saatgut zum Bestellen der Felder gab. Das Elend war unbeschreiblich. In dieser Lage hätten die Briten sich daran erinnern können, daß sie ein ganzes Weltimperium aufgebaut hatten, um über Nahrungsmittel jeder Form und Menge im Überfluß zu verfügen. Ein Weniges hätte genügt, um Menschen der gleichen Sprache und im Grunde der gleichen Kultur großzügig zu helfen. Statt dessen stellte man sich auf den Standpunkt, die Iren seien von Natur aus nichts anderes als notorische Faulenzer und Whisky-Säufer. Man kaufte ihre Ländereien auf, man trieb sie von Haus und Hof – das geschah vor über 150 Jahren, aber es hat sich in die Seelen der Menschen eingefressen, bis heute. Es hat die eher unwesentlichen Unterschiede zwischen Katholiken und Protestanten mit sozialem Sprengstoff aufgeladen und sogar die Religion in eine Ideologie der Unversöhnlichkeit verwandelt. Seit Jahrzehnten bekämpft nun Großbritannien, das sich im Kampf gegen den internationalen Terror derzeit in die vorderste Reihe drängt, den Terror vor der eigenen Haustür.

Was lernen wir daraus? Man könnte die Ursachen vieler Formen von Terrorismus relativ leicht ausschalten. Die Gewalt der Verzweiflung, die sich in der Ersatzsprache des Terrors artikuliert, läßt sich nicht mit militärischen Mitteln «eliminieren».

Oder nehmen wir ein Land wie Nordkorea. In den Augen der US-Administration bisher das Musterstück eines «Schurkenstaates», gegen den sich die superteure Raketenabwehr der USA richten soll. Doch in diesem angeblich raketen-starrenden, den Weltfrieden bedrohenden Staat sind in den vergangenen Jahren fast eine Million Menschen verhungert. Was wäre, wir würden ein einziges Mal demonstrieren, daß es uns nicht um wirtschaftliche oder geostrategische Vorteile geht, sondern daß uns an Menschen gelegen ist, denen wir ohne Gegenforderung ganz einfach helfen? Wir hätten gewiß für lange Zeit statt eines unberechenbaren «Gegners» einen zuverlässigen Freund gewonnen. Und wie viele solcher Beispiele gibt es rund um den Globus?

Selbst im Innern wachsen die Spannungen. Ist vielleicht dein ausländischer Nachbar ein «Schläfer»? Schon sind wir geneigt, die Kontrolle der Bürger bis an die Grenzen des perfekten Überwachungsstaates zu treiben. Abhöranlagen, Fingerabdrücke, bald womöglich gespeicherte Gen-Dateien, Aufhebung des Bankgeheimnisses – keine Diktatur der Vergangenheit hielt ihre Untertanen derart im Griff wie die Angstordnung, die wir uns derzeit selbst erschaffen.

Doch sicherer werden wir mit all dem nicht. Sicher sein können wir einander nur, wenn wir lernen, solidarisch miteinander zu leben und anderen Rechte zuzugestehen, die ihnen – jenseits des Egoismus der eigenen Bezugsgruppe – objektiv zustehen. Nur wenn wir unsere Freiheit zugunsten der Menschen in Not engagieren, können wir vermeiden, daß wir durch ein nur noch an Bedrohungssymptomen ausgerichtetes Sicherheitsdenken unsere Freiheit selbst beseitigen und unsere Menschlichkeit an die Permanenz akzeptierter Gewalt delegieren.

Publik-Forum Nr. 19 (2001)

Die Psychologie der Gotteskrieger

Aus einem Interview mit Hartmut Meesmann

In meinen Augen darf man die Männer, die die fürchterlichen Terroranschläge in den USA durchgeführt haben, nicht mit absoluten moralischen Wertungen wie etwa «teuflische Bastarde» oder «Wahnsinnige» überziehen. Solche Vokabeln dienen nur der eigenen moralischen Aufrüstung. Der Terrorismus ist von der Antike bis heute der verzweifelte Versuch, aus der Position der Ohnmächtigen heraus etwas durchzusetzen, was erkennbar mit Rechtsansprüchen verteidigt zu werden verdient. Vom Aufstand des spartakus bis hin zu den Befreiungsbewegungen des 19. und 20. Jahrhunderts gibt es eine gerade Linie. Speziell das 20. Jahrhundert hat uns zweierlei gelehrt: zum einen, daß die Mächtigen keinerlei moralische Skrupel gezeigt haben, die Instrumente des Todes und die Bereitschaft zum Töten ins Grenzenlose auszudehnen. Man hat Sicherheit definiert als maximale Tötungskapazität. Giftgas, Wasserstoffbombe, Neutronenbombe, Star-Wars-Programme – alles dient dazu, Menschen zu vernichten, zu zerstrahlen, zu zerfetzen. Die Paranoia der Moderne ist: Alle fürchten sich vor allen. Das ist nichts anderes als die Kain- und Abel-Geschichte aus dem Alten Testament ins Uferlose gedreht. Auf der anderen Seite hat es im 20. Jahrhundert keine Freiheitsbewegung mit noch so legitimen Interessen gegeben, die nicht durch ein Meer von Blut hätte waten müssen, um ein unterdrücktes Volk gegen Imperialismus und Kolonialismus zur Staatswerdung zu bomben: ob in Kenia, Algerien oder Vietnam, – welches Volk wäre ohne diese «Ersatzsprache Gewalt» aufgrund verweigerter Menschenrechte und verweigerter Diskussion über die Menschenrechte in die Freiheit entlassen worden? Zwei Drittel der Weltbevölkerung lebt abgekoppelt vom technologischen Fortschritt und vom westlichen Lebensniveau. Die Ausbeutung schreitet immer weiter voran. Sie geht einher mit der Zerstörung tradierter Kulturen und Lebensformen. Das kann nicht gutgehen. Wer nur in Trümmerhaufen groß geworden ist, mag seinen Stolz in die Hoffnung auf eine großartige Welt jenseitiger Zukunft setzen. Aber das ist ein Problem großer Teile der sogenannten Dritten Welt. Es gibt einen negativen Stolz, der darin besteht, diejenigen, denen man die Demütigung zuschreibt, Schmerz empfinden zu lassen. Das ist ein trauriger, sehr verzweifelter Stolz. Die eigene Selbstverachtung transportiert sich nach außen.

Menschen, die zu derart extremen Taten, wie wir sie am 11. September 2001 erlebt haben, imstande sind, fühlen sich zutiefst gekränkt, in der Seele schwer verwundet. OSAMA BIN LADEN zum Beispiel war ja zunächst ein Liebling der CIA im Kampf gegen die Russen. Ihn hat offenbar schwer erschüttert zu erleben, daß die Amerikaner gar nicht an der Freiheit der islamischen Länder in der Region interessiert sind, sondern lediglich an der Erhaltung ihrer Militärstützpunkte. Sie wollen ihre Dominanz behaupten, schon um den Zugang zu den Erdölquellen zu sichern. Eine solche Kränkung, die Erfahrung eines Betrugs, löst in der Seele von Menschen, die stolz und zum Äußersten bereit sind, eine bestimmte Dynamik aus, die das Gefühl von etwas vermeintlich ganz Richtigem mit einem alles rechtfertigenden Haß auf das vermeintlich Falsche verbindet.

Selbstmord-Attentäter sind eine relativ neue Erscheinung. Es gab den befohlenen Kamikazeeinsatz am Ende des Zweiten Weltkriegs in Japan, aber nicht einmal die Nazis waren bereit, Soldaten in den geplanten Tod zu schicken. Hier aber hat man es mit opferwilligen, todesbereiten Menschen zu tun, die schlicht keine

Zukunft in ihrem Leben sehen. Sie sind nur erfüllt von Aussichtslosigkeit und gekränktem Stolz. Sie fühlen sich weder als Menschen noch als Kulturvolk anerkannt. Palästina ist ein schlimmes Beispiel dafür.

Menschen können als Selbstmord-Attentäter zu Mördern werden aufgrund gekränkter Ehre, aufgrund gekränkter Liebe, aufgrund der Unmöglichkeit, sich noch verständlich machen zu können. Bei Verbrechen in privaten Beziehungen ist dies oft der Fall. Hier aber haben wir es mit Menschen zu tun, die eigentlich gar kein Verbrechen begehen wollen, sondern glauben, etwas Nötiges und Verdienstvolles zu tun. Hinzu kommt die Beauftragung durch ein bestimmtes Gruppenziel, die Verschmelzung mit bestimmten Erwartungen, die etwa in den Kindercamps der Palästinenser zur Rekrutierung von Soldaten vermittelt wurden. Bei Menschen, die zu Auftragsterroristen werden, ist das Ich der Person strukturell ununterscheidbar verschmolzen mit dem Über-Ich. Das heißt: Ein solcher Mensch lebt nicht wesentlich in seiner Person, sondern er folgt vorgefertigten Anschauungen, die ihm das Leben vorweg erklären. Er lebt in dem Gefühl, niemals mehr etwas falsch zu machen, wenn er diesen Ideen und diesem Ideal bedingungslos folgt. Die völlige Unterwerfung unter das Über-Ich mit seinen Inhalten an die Bezugsgruppe, macht aus Individuen Amöben des Sozialverhaltens: – Man war nie etwas anderes als der Anwendungsfall der offiziellen Ideologie und der Kollektiverwartungen. Wenn sich nun aber zeigt, daß gerade diese kollektive Größe – der Islam, das Christentum, die jüdische Orthodoxie, was auch immer – gedemütigt und herabgemindert wird, kann – um die eigene Identität zu retten – nicht nur das persönliche Opfer erbracht werden, sondern auch eine mörderische Aggression ausbrechen. Es ist in den Augen dieser Menschen unmöglich, daß sich das, was man als unbezweifelbar kennengelernt hat, als irrig erweisen könnte.

Die islamistischen Terroristen, die in Deutschland als sogenannte Schläfer unauffällig und scheinbar integriert gelebt haben, mögen zwar gespaltene Persönlichkeiten gewesen sein, machen aber an sich keine Ausnahme. Es gibt seit jeher überall auf der Welt Schattenarmeen von Geheimagenten, Spionen, Untergrundagenten, das ständige Leben in Doppel- und Dreifach-Existenzen. Es gibt die chronifizierte Lüge, die jede Art von Selbstverrat entschuldigt für eine Zielsetzung, die über die eigene Person hinausgeht. Das ganze 20. Jahrhundert ist davon geprägt.

Wir haben es mit islamistischen Märtyrern zu tun, denen höchste religiöse Versprechungen mit auf den Weg gegeben wurden. «Richtiger» kann ein Mensch gar nicht handeln, als wenn ihn nach der Terrortat die endgültige ewige Belohnung im Jenseits erwartet. Die christliche Religion ist gewissermaßen der Lehrmeister dieses Übels. Sie hat bis heute den Märtyrerkult beibehalten und stilisiert als die Identifikation mit dem Leid. Man lernt nicht zu leben, sondern in der Verneinung seiner selbst die Liebe Gottes zu erringen. Man stiehlt den Menschen ihre Persönlichkeit und bindet sie an die Identifikation mit der herrschenden Institution samt ihren Dogmen. Psychologisch gesehen geht es hier um etwas, das jede Religion hervorrufen kann, die Gott mit sich selbst, mit der verwalteten Religion verwechselt. Auch im Islam kann es so etwas geben. Dabei lehrt gerade der Islam die Unmittelbarkeit zu Gott. Nötig ist nur das Wort Gottes, das im Heiligen Buch, dem Koran, enthalten ist. Der Islam ist eine prophetische und mystische Religion von großer innerer Schönheit. Was wäre, wenn wir im christlichen Abendland die innerliche und soziale Befriedung im Vertrauen auf Gott annähmen in dem Bewußtsein, daß sich der Glaube MOHAMMEDS im wesentlichen nicht unterscheidet von dem, was JESUS VON NAZARETH gewollt und gemeint hat? MOHAMMED ging davon aus, daß man keine Dogmen und keine Dreifaltigkeit Gottes braucht, um befriedet zu sein in Gott. Damit dürfte er recht haben. Seine religiöse Bewegung war und ist ein Reformangebot an die «Schriftbesitzer». Würden Christen wie Muslime an Gott glauben und die Angst überwinden, weil Gott größer ist als alles, auch größer als der Tod, dann hätte man einen wunderbaren *Common sense* über das, was Religion allen Menschen zu allen Zeiten im wesentlichen zu sagen hat.

Ich habe im Nahen Osten immer wieder erlebt, wie dies den einfachen Menschen, die sich ohnmächtig, gedemütigt und verletzt fühlen, vermittelt werden kann: Wenn Sie selber die erste Sure des Koran beten: «im Namen Allahs, des Allbarmherzigen» –, wie gerührt wird man in Ihnen den Bruder im Glauben sehen! Ich habe selbst einmal mit persischen Soldaten gebetet – die wären mit mir um die halbe Welt gewandert. Das genau wäre die praktische Anerkennung, die diese Menschen brauchen – auch wenn man über den Absolutheitsanspruch des Islam, die unkritische Koraninterpretation und die problematische Stellung der Frau mit Muslimen streiten muß.

Für das christliche Abendland war vor 200 Jahren die Trennung von Religion und Herrschermacht unabdingbar nötig. Die Trennung von Thron und Altar ist nach dem Diktat der Religion durch Papst, Kaiser oder Landesfürst für uns heute ein reiner Segen. Im Orient ist die Geschichte anders verlaufen. Das Zusammenleben der Menschen ruht dort nach wie vor auf einem religiösen Fundament. Voraussetzung dafür ist der Glaube an die Einheit des Göttlichen. Ist Gott aber einer, gehört ihm die ganze Welt, ohne Ausnahme. Das ist auch biblisch-jüdisches Denken. Und so denkt auch der Koran. Dann aber kann die Religion nicht eine Ideologie für den Kampf von Menschen gegen Menschen bilden.

Was die islamische Seite angeht: Der immer wieder mit Inbrunst ausgestoßene Ruf «Gott ist größer» sollte auch hier den Herrschenden gelten. Es müßte ein kritischer Ungehorsam gegenüber den Mächtigen wach werden und die mißbräuchliche

Angleichung von Gott und Herrschergewalt aufgelöst werden. Es müßte eine kritische Reflexion der Aussagen des Korans geben. Das vermisse ich im Islam. Er ist überall Staatsreligion geworden und hat dadurch seinen kritisch-prophetischen Elan verloren.

Angesichts des religiösen Bekenntnisses «Gott ist größer» müßte aus christlicher Sicht der biblische Satz gelten: «Mein ist die Rache, spricht der Herr.» Paulus zitiert diesen Satz und schreibt dann: «Überwindet das Böse durch das Gute.» Die Bergpredigt endet mit dem Verbot, überhaupt zu Gericht zu sitzen über Menschen. Das gilt auch für das Verlangen, die Hintermänner der Terroranschläge zu bestrafen und zur Verantwortung zu ziehen. Wir müssen den Terrorismus bekämpfen, ohne Zweifel, aber dann müssen wir es tun, indem wir an seine Wurzeln gehen. 120 Milliarden Dollar sollen in die Rüstungsindustrie gesteckt werden und ins Star-Wars-Programm fließen. Das ist Irrsinn. Würden wir nur wenige Prozent von dieser riesigen Summe in verschiedene Aufbauprojekte stecken, könnten wir dem Terrorismus den Nährboden entziehen. Was wäre, die Amerikaner würden als Antwort auf die schrecklichen Terroranschläge in New York und Washington ein großzügiges Hilfsangebot, ein Aufbauprogramm für die Bevölkerung zum Beispiel von Afghanistan starten? Hätten sie die Muslime dann immer noch gegen sich? Der Westen könnte die Sahara in eine blühende Landschaft verwandeln, den Hunger lindern, die Lepra-Krankheit abschaffen. Offenbar will der Westen dies alles aber nicht.

Publik-Forum Nr. 7 (2000)

Die Lüge vom humanitären Krieg

Glaubt man der Politik und der veröffentlichten Meinung, dann hat der Krieg im Kosovo dreierlei bewiesen.

Erstens: Nur der militärische Einsatz der NATO konnte die Massenmorde der Serben an den Albanern stoppen. Es ist also mitunter nötig, Frieden mit kriegerischen Mitteln zu erzwingen; Krieg im 21. Jahrhundert kann, bei Licht betrachtet, die Fortsetzung der Moral mit anderen Mitteln bedeuten.

Zweitens. Der Krieg der NATO gegen Serbien verlief siegreich infolge der phänomenalen Überlegenheit US-amerikanischer Waffentechnik; die Europäer, darunter die Bundesrepublik, stehen mithin in der Pflicht zu vergleichbaren Rüstungsanstrengungen.

Drittens: Die deutsche Nachkriegszeit ist vorüber. Nach dem Golfkrieg 1991, an dem sich die Bundesrepublik nur logistisch und finanziell beteiligte, und nach dem Krieg im Kosovo, der als «Krieg» nicht eigentlich erklärt wurde, wird Deutschland beim nächsten Mal im Rahmen von EU und NATO ohne Wenn und Aber dabei zu sein haben; entsprechende Aufstockungen der Militärausgaben sind demnach unvermeidlich.

Alle drei Behauptungen sind falsch und fordern schärfsten Widerspruch.

1. Die Lüge von der Unvermeidlichkeit des Krieges

Fest steht: Man wollte den Krieg nicht nur nicht vermeiden, die amerikanische Außenministerin MADELEINE ALBRIGHT wollte ihn mit allen Mitteln. Gleich im Oktober 1998 mußte die rot-grüne Bundesregierung – sie hatte noch nicht Tritt gefaßt – bei ihrem Antrittsbesuch in Washington ihre Bereitschaft zum «Mitmachen» im Kosovo erklären; keine moralische Kehrtwende des designierten Außenministers JOSCHKA FISCHER machte eine deutsche Beteiligung an dem Kosovo-Bombardement unvermeidbar.

Wahr ist, daß vor dem März 1999 eine serbische Minderheit von etwa 10 Prozent der Bevölkerung im Kosovo lebte und sich dem wachsenden Druck der albanischen Autonomieforderung, vertreten vor allem durch den vom Westen aufgerüsteten militärischen Arm der UČK, ausgesetzt sah. Auf beiden Seiten war es zu teils unkontrollierten, teils geplanten Übergriffen gekommen, deren Hintergründe bis heute unklar sind. Was zum Beispiel geschah am 15./16. Januar 1999, als in Racak 40 zum Teil unbewaffnete Albaner ermordet wurden? War das «Krieg», «Bürgerkrieg» oder «Völkermord»?

Das Tragische an den Wirren im Kosovo ist die Tatsache, daß die Grenzen nicht nur landschaftlich, sondern auch moralisch fließend sind. Doch statt das Geflecht von Angst, Haß und Gewalt zwischen den seit Jahrhunderten verfeindeten Volksteilen zu entwirren – zum Beispiel durch das Angebot einer Entflechtung bedrohter Bevölkerungsteile in neu zu errichtende wirtschaftlich lebensfähige, politisch gesicherte Wohngebiete, verbunden mit dem ernsthaften Bemühen, eine Autonomieregelung des Kosovo ohne Abtrennung von Belgrad zu erreichen –, verwickelte man sich bei den Verhandlungen in Rambouillet im Februar 1999 in lauter Widersprüche: Man gab vor, die Integrität Serbiens wahren zu wollen, und verlangte doch zugleich im Paragraphen 8 das volle Inspektionsrecht der NATO in ganz Jugoslawien; man betonte die Zugehörigkeit des Kosovo zu Belgrad und verfügte doch zugleich in Appendix B eine Volksabstimmung binnen zweier Jahre; man erklärte es zum Ziel, ein friedliches Zusammenleben von Albanern und Serben garantieren zu wollen, das die 1300 OSZE-Beobachter ermöglichen und überwachen sollten, doch 14 Tage nach dem Beginn der NATO-Luftangriffe stellte Generalinspekteur HANS PETER VON KIRCHBACH am 8. April in einer Pressekonferenz den sogenannten «Hufeisenplan» vor.

Dieses «Dokument» hatte es in sich. Es schien zu beweisen, daß der Diktator SLOBODAN MILOŠEVIĆ seit langem die «ethnische Säuberung» des Kosovo geplant hatte und man ihm habe entgegentreten müssen. Wohlgemerkt: Serbische Greueltaten, Massaker und Vergewaltigungen waren unbestreitbar, doch jetzt erschienen sie als Teil einer unmenschlichen Strategie – für RUDOLF SCHARPING und JOSCHKA FISCHER die ebenso willkommene wie dringend notwendige Nachrüstung ihres von keinem UNO-Mandat getragenen Kriegseinsatzes.

Soeben erscheint ein Buch von Brigadegeneral und OSZE-Mitarbeiter HEINZ LOQUAI *(Der Kosovo-Krieg – Wege in einen vermeidbaren Krieg)*, der davon ausgeht, daß das «Hufeisen»-Papier von deutscher Seite höchstwahrscheinlich manipuliert wurde. Mit anderen Worten: Die moralische Notwendigkeit eines Krieges im Kosovo zur Vermeidung von Genozid und Massenvertreibung basiert allem Anschein nach auf einer Lüge. Offenkundig ist dagegen, daß die Greuel im Kosovo zum größten Teil die Folgen des Ersatzkrieges waren, den Belgrad nach Beginn der Bombardements anstatt gegen die NATO nun gegen die Albaner und gegen die UČK im Kosovo führte – ein Krieg gegen die eigene Bevölkerung. Das war ein Verbrechen, zweifellos, das aber von der NATO mitprovoziert war und mit allen Kriegseinsätzen nicht verhindert werden konnte.

2. Die Lüge vom gewonnenen humanitären Krieg

Ein erklärtes Kriegsziel war die Beseitigung von SLOBODAN MILOŠEVIĆ. Dieses Ziel wurde in der Tat (wenn auch erst viel später) erreicht. Möglich, daß man eines Tages den jugoslawischen Präsidenten verhaften und als Kriegsverbrecher anklagen wird; sicher in diesem Falle, daß man den NATO-Krieg dann nachträglich mit einem Schauprozeß rechtfertigen wird; doch wer wird die Verbrechen der NATO anklagen? Niemand. Ein anderes erklärtes Kriegsziel war der Schutz der albanischen (und serbischen) Bevölkerung. Dieses Ziel wurde bis jetzt kaum erreicht. Im Gegenteil, der Haß der verfeindeten Bevölkerungsteile beginnt jetzt erst recht einen dauerhaften Frieden unmöglich zu machen; auf Dauer wird es wohl zu einem serbenfreien Kosovo unter albanischer Verwaltung kommen. Doch rechtfertigt ein solches «Ergebnis» Krieg? Ein weiteres erklärtes Kriegsziel war der Nachweis der Möglichkeit eines humanitär zu führenden High-Tech-Krieges von chirurgisch präzisen Schlägen. Gerade dieses Ziel wurde nicht erreicht, im Gegenteil: Man erfand zynische Begriffe wie «Kollateralschaden» beim Angriff auf die Belgrader Rundfunkstation, der über 40 Menschen das Leben kostete; man griff zu völkerrechtlich geächteten «Waffen» wie Napalm- und Splitterbomben, die Menschen auf entsetzliche Weise verbrennen und verstümmeln, man inszenierte einen chemischen Krieg, indem man bei der Bombardierung der Industrieanlagen ungehemmt Schäden für Menschen und Umwelt provozierte; man verstreute, wie erst jetzt zugegeben wird, etwa zehn Tonnen radioaktives Uran auf dem Gebiet des Kosovo – von all den Schäden an Menschen, Gebäuden und der Infrastruktur gar nicht zu reden. Und der Erfolg: Die serbische Armee wurde am 10. Juni 1999, als die NATO ihre Bombardements einstellte, so gut wie unversehrt über die Grenze nach Serbien zurückgeführt. Voll erreicht wurde lediglich ein nichterklärtes Kriegsziel: die Dauerpräsenz der NATO auf dem Balkan und die fortschreitende Zerstückelung Ex-Jugoslawiens. Soll nicht auch Montenegro mit 400 000 Einwohnern ein selbständiger Staat werden? Vor dieser Frage stehen wir jetzt. Daß 15 Millionen Kurden ein Recht auf Selbstbestimmung hätten, ist dagegen kein Ziel der NATO gegenüber dem NATO-Mitglied Türkei.

3. Die Lüge von der Pflicht zur Mitbeteiligung

Am schwersten wiegt die neue Akzeptanz der These, daß Kriege tauglich wären, Frieden zu erzwingen, und daß wir fortan gegen Krisen aller Art militärisch gefeit sein müßten.

Seit dem Ende des Kalten Krieges gibt es an Deutschlands Grenzen keine Feinde mehr. Die «Krisen» bestehen in der baldigen Knappheit an Rohstoffen in der Dritten Welt, in dem möglichen Zusammenbruch von heute noch lukrativen Absatzmärkten und Handelsrouten sowie in den Folgen ökologischer Katastrophen – keine einzige dieser Krisen läßt eine militärische Lösung zu. Im Gegenteil. Die immensen Rüstungsausgaben der USA von jährlich 240 Milliarden Dollar (rund das Siebenfache des deutschen Militärhaushaltes) gehen ursächlich einher mit den 1,2 Milliarden Menschen, die unterhalb der Armutsgrenze in absolutem Elend leben – etwa 50 Millionen Menschen sterben jedes Jahr an den Folgen von Hunger und Mangelernährung.

Und wir? Wir diskutieren gerade über eine deutsche Hilfe für Mosambik in Höhe von *insgesamt* 50 Millionen Mark, und wir finden uns gut dabei. Doch zum Vergleich: *Jeder Tag* der Bombardements auf Belgrad kostete 500 Millionen Mark, und die Bombardements dauerten rund 80 Tage – das macht etwa 40 Milliarden Mark, also das 800fache der wirklichen humanitären Hilfe für ein Land in Not. Der Krieg ist scheinbar nie teuer genug, der Frieden immer.

Fest steht: Kriege sind, was sie sind: das vorsätzliche Töten von Menschen auf Befehl und das Verdrängen aller Schuldgefühle für das Ende der Menschlichkeit. Doch noch leben wir nicht in GEORGE ORWELLS *1984*. Noch ist Krieg keine Friedensmaßnahme. Noch ist das Töten von Menschen nicht das Retten von Menschen. Noch ist die Lüge nicht Voraussetzung der Wahrheit. Es war am 26. Mai 1999, als in Athen Patriarch BARTHOLOMAIOS I., das Ehrenoberhaupt der orthodoxen Kirche, erklärte: «Der Krieg ist nicht das Werk vernünftig denkender, verantwortlich handelnder Menschen, sondern das Werk von geistig Gestörten.» Doch diese «Geistesstörung» rechtfertigt sich immer noch als «Pflicht», «Verantwortung», «Mut», «Treue» und «Gehorsam».

Der Freitag, Nr. 15, 9. April 1999

Stahlhelm-Pazifismus

Zum NATO-Krieg gegen Jugoslawien

Seit dem 24. März 1999 Nacht für Nacht bombardiert die NATO Ziele in Jugoslawien. Schon rollt die 2. Phase: Angriffe gegen «bewegliche Ziele». Nur mit Gewalt, so die USA und nach ihnen dann alle NATO-Mitglieder, lasse sich eine «humanitäre Katastrophe» im Kosovo verhindern.

Nun ist sie vollends da, die humanitäre Katastrophe. Noch vor 15 Tagen, im März 1999, sahen wir einen Guerilla-Krieg mit der ihm eigenen Logik von Terror und Gegenterror eskalieren. Das war schlimm, doch noch weit entfernt von dem, was seither geschieht. Von «Völkermord» und «ethnischer Säuberung» redet jetzt «Verteidigungs»-Minister Scharping. Es sei zynisch, sagt er, in dem, was jetzt im Kosovo geschehe, eine Folge der NATO-Angriffe zu sehen. Doch in Wirklichkeit ist es zynisch, nicht wahrhaben zu wollen, daß man mit Krieg keinen Frieden herbeibomben kann. Man ruiniert soeben eine ganze Region!

Es gelte, so sagt man, den «Diktator» MILOŠEVIĆ zu bekämpfen. Doch zur Stunde, am Dienstag, dem 6. April, ist die Stellung von MILOŠEVIĆ unter der serbischen Bevölkerung so gefestigt wie nie. Wenn es einmal eine wirksame Opposition gegen ihn gab – jetzt ist sie mundtot. Und ebenso auf der Gegenseite. Gerade die Kräfte unter den Albanern, die den Terrorkrieg gegen Belgrad als Mittel zur Unabhängigkeit des Kosovo ablehnten, sind jetzt buchstäblich am Boden zerstört.

Es gelte, so sagte man, MILOŠEVIĆ zu zwingen, das Abkommen von Rambouillet zu unterschreiben, – mehr als das sei nicht nötig. Jetzt, nach 15 Tagen NATO-Bombardement, ist eine Rückkehr zu Rambouillet endgültig ausgeschlossen. Keine der Konfliktparteien fühlt sich mehr an das Vertragspapier gebunden. Die UČK denkt nicht mehr daran, ihre Waffen niederzulegen, und die Regierung in Belgrad weitet ihre «Maßnahmen» gegen die UČK hemmungslos gegen die albanische Bevölkerung aus. «Jetzt machen wir sie fertig», das war die serbische Drohung in den Tagen, als die NATO ihren Luftkrieg ankündigte. Man konnte durchaus wissen, was geschehen würde. Hunderttausende sind geflohen – Montenegro und Mazedonien geraten an die Grenzen ihrer Belastbarkeit; jetzt bereits erwägt dasselbe Italien, das im vergangenen Jahr unter deutschem Druck seine Häfen gegenüber albanischen Flüchtlingen sperrte, eine großangelegte Rettungsaktion. Und spätestens jetzt ist ganz klar: Weder Amerikas Außenministerin ALBRIGHT noch NATO-Chef SOLANA verfügen über irgendein Konzept, wie es politisch oder auch nur militärisch eigentlich weitergehen soll.

Die Integrität Jugoslawiens sollte ausdrücklich nicht angetastet werden. Doch genau das geschieht. Will man die Flüchtlingsströme der Albaner eines Tages wieder in das Kosovo zurücksiedeln, so muß man als erstes die Serben zur Aufgabe dieses ihnen historisch so wichtigen Gebietes zwingen. Wie soll es denn auf lange Sicht hin denkbar sein, daß beide Völker, nach allem, was jetzt geschieht, in Frieden miteinander leben können?

Das alles sei die Schuld von MILOŠEVIĆ, sagt man, nicht gegen die Serben gehe der Krieg, nur gegen ihn. Doch gerade in der Frage des Kosovo kann MILOŠEVIĆ sich eins fühlen mit dem Willen des ganzen serbischen Volkes, dem im 20. Jahrhundert wie keinem anderen Volk in Europa von Österreichern, Deutschen und Kroaten (mit stillschweigendem Wissen des Vatikans) ein nie gekanntes Maß an Unrecht und Leid zugefügt wurde und das man jetzt als das allein schuldige brandmarken möchte. Übrigens: Schon in der Zeit, als KLAUS KINKEL noch Chef des Bundesnachrichtendienstes war, gab es Planspiele, wie man den Tito-Staat auf dem Balkan durch Ausnutzung der ethnischen Frage zerstückeln könnte, und mit der Anerkennung Kroatiens und Sloweniens durch die BRD begann dieses «Spiel» denn auch, sich zu realisieren. Wirklich, wir Deutsche haben es nötig, wieder Bomben auf Belgrad zu werfen!

Doch wenn es um «humanitäre» Gesichtspunkte ginge: Bei all den Bombardements jetzt werden Menschen verletzt und getötet, und zwar, sagte schon vor einer Woche eine russische Meldung, zehnmal mehr Zivilisten als Soldaten – von über 1000 Toten war dort bereits die Rede. Und das war nur die erste Phase der «progressiven» NATO-Schläge. Wie verbrennen Menschen bei lebendigem Leibe in ihren Panzern, jetzt, bei den zu erwartenden Angriffen mit Apache-Hubschraubern, und wie will man sie treffen, die «beweglichen Ziele», wenn sie sich mitten in den Dörfern und Städten im Kosovo aufhalten? Inzwischen brennen serbische «Einheiten» ganze Landstriche nieder; doch die Gegenantwort der NATO wird in nichts anderem bestehen, als dem Beispiel zu folgen. Denn das und nichts anderes heißt es, Krieg mit Krieg zu bekämpfen. Und zur Zeit rollt schon die dritte Phase an: blindwütiges Draufdreschen auf alles, was «kriegswichtig» ist – von der Telefonzelle bis zum Telegrafenmasten, von der Dorfbrücke bis zur Molkerei, und dieses Draufschlagen kann dauern, solange es will. Schon redet Scharping davon, man müsse die Armee des Diktators MILOŠEVIĆ zerschlagen; das sind Hunderttausende von Menschen, die man erst einmal töten muß, weil sie auf der «falschen» Seite stehen. Am Ende des Massenmordes wird das Kosovo ein menschenarmes Ruinenfeld sein: Geholfen hat man ganz sicher keinem, es sei denn sich selbst.

Denn schon jetzt haben die USA mit Hilfe der NATO erreicht, was sie offenbar seit langem beabsichtigten: das Diktat ihrer Interessen als «neue Friedensordnung» zu deklarieren und im gleichen Atemzug die UNO zur «Quasselbude» zu erniedrigen.

Für das, was die NATO jetzt tut, gibt es kein UNO-Mandat – ein solches scheint ganz einfach überflüssig. Das, was die NATO jetzt tut, ist Bruch bestehenden Völkerrechts: Jugoslawien hat kein Nachbarland angegriffen, so daß international der Friede gefährdet wäre. Doch auch darüber kann man sich offenbar hinwegsetzen, wenn man den Welten-Sheriff spielen will. Es gibt ein Selbstbestimmungsrecht der Völker, gewiß, es gibt ein Menschenrecht, o ja. Doch was ist mit dem Selbstbestimmungsrecht der Völker angesichts der Unterdrückung von 17 Millionen Kurden im NATO-Staat Türkei, an den Deutschland gerade vier U-Boote liefert? Von wann an ist ein Volk ein Volk? Das vor allem müßte eine Frage der UNO sein, ganz sicher nicht der USA und schon gar nicht der NATO.

Unter diesen Umständen ist es überaus wichtig, jetzt und für alle Zeit eine alte Wahrheit wieder zu lernen: Mit Gewalt dient man nicht der Gerechtigkeit, mit Krieg dient man nicht dem Frieden, und mit dem Töten von Menschen dient man nicht dem Leben. Nicht der Pazifismus Gandhischer Prägung ist tot, tödlich ist der Stahlhelmpazifismus deutscher Politiker im Dienste der NATO. Der Weg in den Krieg ist psychologisch immer derselbe: In einer komplizierten geschichtlichen Situation vereinfacht man die Wirklichkeit in dem simplen Schema von Gut und Böse, dann ordnet man die Schuld einseitig einer Seite zu, und dann personifiziert man das Böse in einer einzigen Person. Die muß man dann bekämpfen wie Sankt Michael den Teufel. Aber wie kommt man heraus aus der Hölle des Krieges? Wie zum Beispiel will man jetzt noch mit MILOŠEVIĆ verhandeln, nachdem man ihn als «Kriegsverbrecher» und «Schlächter vom Balkan» verschrien hat? Und was ist mit den Bodeneinsätzen, die immer wahrscheinlicher werden? Ein Vietnam auf dem Balkan, das ist durchaus möglich. Doch die Pentagon-Strategen, die den Kurs in Brüssel bestimmen, brauchen zum 50jährigen Jubiläum einen Sieg – und sei er noch so blutig.

Was derzeit geschieht, ist der Verlust, nicht die Wahrung der Menschlichkeit. Schon jetzt wird sichtbar, daß alle Probleme in Zukunft nur noch schwieriger lösbar sein werden. Darum: Schluß mit dem staatlich organisierten Abschlachten von Menschen. Schluß mit dem Irrsinn immer höherer Rüstungsausgaben – 50 Milliarden DM für SCHARPING – wofür? Und vor allem: Schluß mit dem Wahn, es sei «normal» und «verantwortlich», Generation um Generation von Jugendlichen zum Töten von Menschen zu trainieren und ihnen unter Eid abzuverlangen, im Bedarfsfall «gehorsam» zu sein. Krieg dem Krieg – das ist die endgültige Weigerung, sich an irgendeinem Krieg, gleich unter welchem Vorwand er geführt werden mag, noch länger zu beteiligen. Alle «Prinzipien» des Militärs basieren auf der Verleugnung eben der Regeln, die im zivilisierten Leben gelten sollten. Darum muß es das Ziel der Zivilisation sein, sich endlich des Militärs als eines Relikts der Steinzeit zu entledigen. Irgendwann muß Schluß sein.

Der Freitag, Nr. 9, 20. Februar 1998

Allerdings: Soldaten sind Mörder

Zur Wiederaufnahme der Bombardements gegen den Irak

Es scheint keinen Zweifel mehr zu geben: In spätestens drei Wochen werden wieder Bomben auf Bagdad fallen – weil man es so will. Und am schlimmsten: Man wird uns einreden, daß es anders gar nicht kommen konnte, gar nicht kommen durfte. Dieser Militäreinsatz, so weiß man jetzt schon, wird notwendig, verantwortlich, gerecht und maßvoll sein; er wird der einzige Weg gewesen sein, um Schlimmeres zu verhindern. Und wir werden es, diesmal endgültig nach 50 Jahren, wieder zu lernen haben: Nur wer bereit ist, notfalls zu töten, dient wirklich dem Leben; nur wer notfalls entschlossen ist, auch Krieg zu führen, dient wirklich dem Frieden; nur wer das Böse in der Welt mit allen Mitteln bekämpft, dient wirklich dem Guten. Wer das anders sieht, offenbart einen «Abgrund moralischer Verkommenheit» – so ein FDP-Abgeordneter in der Debatte vom 12. Februar 1998, als die Mehrheit der mehrheitlich nicht anwesenden Bundestagsabgeordneten den USA und Großbritannien ihre «absolute» Solidarität in der Irak-Krise zusicherte.

Nicht einmal die engsten Verbündeten der USA im Jahre 1991, nicht einmal die Vereinigten Emirate, nicht einmal Saudi-Arabien, befürworten das derzeitige Vorgehen der Amerikaner am Golf; drei der ständigen Mitglieder im UN-Sicherheitsrat: Rußland, Frankreich und China wenden sich gegen die demonstrierte Entschlossenheit zum Krieg; aber wir Deutschen als treue Verbündete der USA haben Gewehr bei Fuß zu stehen. Denn, wie eine sonst seriöse Zeitung dieser Tage die Ungereimtheit zu reimen wußte: eine Diplomatie ohne Schwert sei eine Diplomatie ohne Wert. Doch eben hier beginnen alle Fragen, statt einfach schon gelöst zu sein. Diplomatie – was bleibt davon, wenn es bereits feststeht, daß auf der Seite unserer anglo-amerikanischen Verbündeten alles Gute, auf der anderen, der irakischen Seite aber alles Böse sich verkörpert? Frieden – wie soll er je sein, wenn er nicht als Weg gesucht und beschritten, sondern als Kriegsziel definiert wird? Verantwortung – was bedeutet sie noch, wenn man zur Verhinderung des Bösen als erstes alles das selber tun muß, was man der Gegenseite vorwirft? Politik – was ist ihr Name noch wert, wenn sie international so seelenruhig und süffisant exekutiert werden kann wie die Todesstrafe in Texas? Moral – was für eine Bedeutung besitzt sie, wenn mit ihr wieder und immer wieder das Abschlachten von Menschen sich rechtfertigen läßt? Menschlichkeit – wie macht sie es möglich, sechs Wochen lang, wie gehabt, Siege zu feiern, bei denen ungezählt wieviele Hunderttausende von Menschen zerfetzt, verbrannt, zersplittert, verseucht, auf kilometerlangen Frontabschnitten unter den Bulldozern der 1. motorisierten Infanteriedivision lebendig begraben oder selbst beim Rückzug noch auf dem «Highway des Todes» als Wehrlose abgeknallt wurden?

Das war vor genau sieben Jahren. In der Zwischenzeit starben nach Schätzungen der UNO pro Monat allein etwa 3000 Kinder an den Folgen des amerikanischen Handelsembargos – der lautlose Krieg nach dem Krieg hat allein eine halbe Million Menschen im Irak dahingerafft: Medikamentenmangel, Trinkwasserknappheit, Nahrungsmangel, Kindersterblichkeit – wer von denen, die jetzt wieder zum militärischen Einsatz drängen, hat sich je für die Opfer der amerikanischen Politik interessiert? Das endlose Leid all derer, die damals für ihr Leben zu Krüppeln geschossen wurden, der Frauen, die damals zu Witwen wurden, der Kinder, die damals zu Waisen wurden, der alten Leute, die ihre Söhne verloren – das ist der Krieg.

Der Krieg in Bagdad hat ein Sinnbild bekommen: Der Bunker von Amariyah, in dem am 13. Februar 1991, einem islamischen Feiertag, über 1000 Menschen Zuflucht gefunden hatten, als er von zwei zielgenauen Bomben vernichtend getroffen wurde. US-Regierungssprecher erklärten später, der Bunker sei militärisch genutzt worden; doch warum wurde er dann erst zwei Wochen vor Kriegsende angegriffen, und wieso konnte der als so perfekt gerühmten amerikanischen Luftaufklärung entgehen, daß jeden Nachmittag Hunderte von Menschen in das Gebäude strömten? Selbst wenn es sich bei dem Angriff um ein «Versehen» gehandelt haben sollte – bis heute gibt es kein Bedauern, keine Skrupel, keine Entschuldigung für die Opfer. Und wenn in wenigen Tagen sich etwas Ähnliches wieder ereignen sollte?

Das derzeit Schrecklichste in Deutschland ist die hilflose Teilnahmslosigkeit der Bevölkerung. 1991 gingen Millionen Menschen auf die Straßen, um für den Frieden zu demonstrieren. Doch damals fürchteten sie, von den Folgen des Krieges selber betroffen zu werden. Jetzt schätzt man die Kampfstärke des Irak auch in der Öffentlichkeit so realistisch ein, wie das Pentagon es schon vor sieben Jahren zu tun vermochte: Dies ist ein Land ohne Gegenwehr bei Luftangriffen aus 13 000 Metern Höhe; es ist der amerikanischen Militärmaschinerie natürlich möglich, alles zu zerstören, was sie zerstören will: das Kommunikationsnetz, die Kraftwerke, die Industrieanlagen, die Infrastruktur, die Prunkbauten, die Paläste – wo überall können nicht Waffen versteckt sein? Und was für hervorragende Waffen hat man inzwischen zusätzlich entwickelt! Nur, die arabische Bevölkerung wird es nicht verstehen.

Sie wird nicht verstehen, warum die Amerikaner im Falle des Irak auf der bedingungslosen Einhaltung aller UN-Resolutionen bestehen, während sie 30 Jahre lang im Falle Israel sich außerstande zeigen, die UN-Resolution über den Rückzug aus den besetzten Gebieten durchzusetzen oder wenigstens für die Einhaltung des Osloer Abkommens mit den Palästinensern zu sorgen. Eine neue Weltordnung, wie GEORGE BUSH sie 1991 als Ergebnis des Krieges versprach, dürfte nicht in solchem Umfang die alte Parteilichkeit fortsetzen. Die arabische Bevölkerung wird auch nicht verstehen, warum Massenvernichtungsmittel verbrecherisch stets nur in ihren, niemals aber in amerikanischen Händen sind. Und sie wird auch nicht verstehen, warum man den Irak als ständige Kriegsgefahr dämonisiert und seine Bevölkerung mit immer neuen Leiden zu demütigen und zu strangulieren sucht, als wenn man den Stolz von Arabern brechen könnte.

Nein, es geht nicht darum, die terroristische Diktatur SADDAM HUSSEINS schönzureden, sie ist, ohne Einschränkung, furchtbar und eine schwere Belastung für die irakische Bevölkerung selbst, aber es muß darum gehen, die gegebene Situation als mitverursacht zu begreifen und das gerüttelt Maß an Mitverantwortung in einer ehrlichen Suche nach einem Ausweg ohne Krieg zu nutzen.

Warum ausgerechnet sind es die Briten und Amerikaner, die alle diplomatischen Anstrengungen zur Zeit daransetzen, nicht den Krieg am Golf zu verhindern, sondern möglichst viele Länder für ihren geplanten Militärschlag zu gewinnen? Warum ist es ihnen nicht möglich, der Aufforderung des italienischen Ministerpräsidenten PRODI nachzukommen, man solle mit dem Irak so verhandeln, daß er seine Würde bewahre? Wieso glauben insbesondere die Amerikaner, daß ihre Anwesenheit bei der Inspektion irakischer Waffenbestände unersetzlich sei? Die Antwort kann nur lauten, daß vor allem Großbritannien, aber auch die USA in der Golfregion das Erbe ihrer eigenen Geschichte antreffen.

Über 100 Jahre lang hat man in London den Golf als britisches Territorium betrachtet. «Bis zum Ersten Weltkrieg», schreibt PIERRE SALINGER, der ehemalige Sprecher des Weißen Hauses unter JOHN F. KENNEDY (in: P. SALINGER – E. LAURENT: *Krieg am*

Golf. Das Geheimdokument, München 1991, S. 18–25), «waren der Irak und Kuwait Bestandteile des Osmanischen Reiches ... Mitten im Krieg, als das Osmanische Reich an der Seite Deutschlands kämpfte, erkannte London das Emirat und seine Grenzen als vom türkischen Reich völlig unabhängig an ... Der Irak ..., der damit vom Golf abgeschnitten wurde ..., zeigte sich zu keiner Zeit bereit, diese Grenze anzuerkennen.» Unter britischem Mandat mußte die Regierung in Bagdad 1925 mit der Iraq Petroleum Company einen Vertrag schließen, der den Briten bis zum Jahr 2000 alle Rechte für die Ausbeutung der irakischen Ölfelder sicherte. Staatspolitisch ist der Irak, so besehen, ein reines Kunstgebilde der Kolonialzeit, hervorgegangen aus den drei ehemals türkischen Provinzen Mossul, Baghdad und Basra – eine gewaltsame Zusammenfügung der Kurden im Norden, der Sunniten im Zentrum und der Schiiten im Süden –, die jetzigen Flugverbotszonen, welche die USA eigenmächtig eingerichtet haben, entsprechen in etwa den Grenzen der noch heute verfeindeten Bevölkerungsgruppen. Es ist schwer zu sagen, wie man eine nicht-diktatorische Regierungsform in einem Land erwarten will, das nur als Folge von Gewalt entstanden ist und nur mit den Mitteln von Gewalt erhalten wurde.

Und dementsprechend ging es weiter: 1958, als der pro-westliche König FEISAL ermordet wurde und General KASSIM an die Macht kam, dauerte es ganze zwei Jahre, bis er beinahe einem Attentat zum Opfer gefallen wäre. SADDAM HUSSEIN war damals 24 Jahre alt und mußte als Teilnehmer des Komplotts verletzt nach Syrien fliehen. 1963 aber war es so weit: KASSIM wurde enthauptet, sein Kopf von der johlenden Menge durch die Straßen getragen. Fünf Jahr später kam die Baath-Partei an die Macht, HUSSEIN wurde Vizepräsident des Revolutionsrates. Waffeneinkäufe und die Ausrottung der Kurden wurden schon damals ein Hauptbestandteil irakischer Politik. 1979, als HUSSEIN die Regierung übernahm, ließ er als erstes 21 Mitglieder seines ehemaligen

Kabinetts hinrichten. Nach innen wie nach außen lebt dieser Mann, der die westliche Welt nie kennengelernt hat, im Zustand ständiger Bedrohung und Gewalt. Es wird, zugegeben, allerhöchste Zeit, diese Lage zugunsten aller zu ändern, aber sie wird sich niemals ändern, solange man selbst die Politik der Drohung und der Gewaltausübung fortsetzt.

So wie die Dinge jetzt liegen, suchen London und Washington sich lediglich eines bissigen Kettenhundes zu entledigen, den sie selbst herangezüchtet, dressiert und scharfgemacht haben.

Denn bereits 1980, ein Jahr nach dem Sturz des Schah-Regimes im Iran, als die CARTER-Administration den Zugang zum Öl am Persischen Golf gefährdet sah, legten die USA es darauf an, den Irak als Prell- und Rammbock gegen die islamische Revolution der Ayatollahs aufzubauen. Es geschah mit Billigung und mit Unterstützung der USA, daß SADDAM HUSSEIN den Krieg gegen den Iran eröffnete. 1982 wurde der Irak von der Liste der terroristischen Staaten gestrichen, 1984 nahmen die USA volle diplomatische Beziehungen zu ihm auf. Damals, am 17. April 1988, störte es die USA nicht, daß HUSSEIN bei Halabja etwa 5000 Kurden mit Giftgas tötete, im Gegenteil, man befand sich auf dem Höhepunkt der Unterstützung des Irak; selber bombardierten die USA iranische Ölanlagen und stellten dem Irak die Auswertung ihrer Luftaufklärung zur Verfügung. Erst am Ende des ersten Golfkrieges, der über 500 000 Menschen das Leben gekostet hat, schwenkte die USA-Regierung um. Jetzt, nach der Schwächung des Iran, sollte der Irak drankommen, indem man, wie ein kuwaitisches Memorandum vom 22. November 1989 zeigt, die etwa 60 Milliarden Dollar Kriegsschulden des Irak dazu nutzen wollte, «um Druck auf dieses Land auszuüben mit dem Ziel, eine gespannte Situation über den Grenzverlauf zu provozieren» (SALINGER, S. 48).

Wie es dann weiterging, läßt sich nur so verstehen, daß die USA immer noch Krieg als ein legitimes Mittel der Politik betrachten, wobei es ihnen zunehmend gelingt, US-Dekrete als UN-Resolutionen durchzusetzen. Nachdem sie im zweiten Golfkrieg die moralischen Bedenken wegen des Blutbades in Vietnam nunmehr mit neuem Blut verwischt haben, gibt es anscheinend nun erst recht wieder gute und gerechte Kriege, zumindest im Status der unangefochtenen Überlegenheit. Man kann der Meinung des ehemaligen US-Justizministers RAMSEY CLARK (*Wüstensturm*, Göttingen 1993, S. 265) nur zustimmen, wenn er meint, daß sich hier Macht als Recht zu setzen sucht und die Moral zu einem bloßen Vorwand für die Sicherung der amerikanischen Vormachtstellung und des Zugangs zu Bodenschätzen und Ressourcen verkommt. «Die USA», schreibt er, «verhalten sich gleichgültig gegenüber dem Leben der Menschen; sie unterstützen Aufständische nach strategischen Gesichtspunkten und bedienen sich Marionetten-Regierungen, die den Schutz Washingtons genießen. In der Mehrzahl der Fälle ist der Hauptfeind der von den USA unterstützten Regierungen in Dritte-Welt-Ländern das jeweils eigene Volk.» Und, in Einzelfällen, muß man hinzufügen, bekämpfen die USA eine Regierung, wie im Irak oder auf Kuba, viele Jahre lang auf dem Rücken der jeweiligen Völker.

Dabei könnte es in der Tat nur im Interesse aller liegen, den Sprengstoff Irak zu entschärfen. Doch dazu bedürfte es anderer Mittel, um die wirklichen Probleme der Region zu lösen.

Ungelöst ist vor allem die Kurdenfrage. Es waren 1925 britische Flugzeuge, die zum ersten Mal Kurden aus der Luft bombardiert haben. Im NATO-Staat Türkei existieren nominell überhaupt keine Kurden, nur «Bergtürken» ohne Recht auf ihre eigene Kultur und Muttersprache. Wie müßte eine britische und amerikanische Politik aussehen, welche das 17-Millionen-Volk der Kurden nicht länger zum Spielball für die Durchsetzung eigener Ziele nähme, sondern ihnen Souveränität und staatliche Eigenständigkeit ermöglichen wollte?

Ungelöst ist das Israel-Problem. Solange die absurde «Gotthat-uns-das-Land-gegeben»-Politik der israelischen Ultras nicht gestoppt wird, bleiben zwei Millionen Palästinenser ohne Zukunft, sammelt sich weiter Haß und Verzweiflung, hat die Devise «Land für Frieden» keine Chance, und es liegt, wieder nach der Geschichte, wie sie nun einmal verlaufen ist, heute entscheidend in den Händen der Briten und Amerikaner, Juden und Araber durch die Errichtung eines selbständigen Palästinenserstaates endlich miteinander zu versöhnen. Für die Sicherheit der Menschen in Israel ist nichts wichtiger als ein Ausweg aus dem endlosen Kreislauf von Angst, Aggression, Vergeltung und neuerlichem Mißtrauen.

Ungelöst ist das Wasserproblem. Die Türkei beansprucht im Oberlauf des Euphrat für ein Staudammprojekt Wasserreserven, ohne die der Irak und Syrien nicht existieren können. Israel entnimmt dem See Genezareth und dem Jordan Wasser, das den arabischen Anrainerstaaten fehlt. Wasser aber, anders als Öl, ist wirklich lebensnotwendig.

Ungelöst ist die Frage, wem eigentlich das arabische Öl gehört. Ganz gewiß nicht SADDAM HUSSEIN zum Ankauf östlicher und westlicher Waffensysteme, aber gewiß auch nicht den SABAHS in Kuweit – Regimen, deren politische Strukturen offenbar bewußt so antiquiert gehalten werden, daß sie überhaupt nur mit Petrodollars überleben können. Was wird weltpolitisch gesehen bei einer weiteren Destabilisierung der islamischen Welt? Nur wer weiter auf Krieg und Gewalt als Mittel der Politik setzt, kann eine solche Gefahr derart unbedenklich wie in der derzeitigen amerikanischen Politik in Kauf nehmen.

Ungelöst ist vor allem die Frage der Abrüstung – im Nahen Osten und weltweit. Die Liste westlicher Firmen, die dem Irak beim Aufbau eines großen Arsenals chemischer Waffen behilflich waren, ist lang – allein 86 westdeutsche Firmen, 18 amerikanische und 18 englische finden sich darunter (SALINGER, S. 22) –; man wollte Geschäfte machen, buchstäblich um jeden Preis. Doch das allein ist nicht das Problem. Das Problem liegt darin, daß wir, die Staaten Europas, es waren, die bereits im Ersten Weltkrieg jede moralische Hemmung verloren haben, alles, absolut alles, was zur Ausrottung von Menschen imstande ist, herzustellen und als «Kampfmittel» für «erlaubt» und «notwendig» zu erklären. 1925 war es, daß der letzte ernsthafte Versuch zu einem generellen Verbot chemischer Massenvernichtungswaffen fehlschlug. Das aber ist der ungeheuerliche Fluch des militärischen Denkens im ganzen 20. Jahrhundert: Es hat niemals in der sich steigernden Barbarei der Kriegsrüstung eine Grenze des Mitleids oder der Menschlichkeit gegeben.

Wie war es möglich, die Vernichtung von Hiroshima und Nagasaki im August 1945 als eine «moralische Lektion» zu bezeichnen, für die es auch heute, 50 Jahre danach, immer noch kein Wort des Bedauerns gibt? Wie war es möglich, daß nicht einmal der Massenmord an zweimal 100 000 Menschen in wenigen Sekunden ein Innehalten bewirkte? Man konstruierte die Wasserstoffbombe, man konstruierte die Neutronenbombe, man verstieg sich in den Krieg der Sterne, man arbeitete weiter an Computermodellen für neue Atombomben und Laserkanonen. Ja, man hatte die Stirn, Volksseuchen wie Pest, Botulismus und Cholera in den Händen der Zyniker der Macht im Pentagon als Waffen und Kampfmittel zu erklären und sie zu lagern.

Insofern tun die kleineren Staaten nichts, was sie nicht in Gestalt einer restlos pervertierten Form politischer Verantwortung von den Großmächten gelernt hätten. An diesen, den Großmächten also, läge es heute, die Menschheit zu lehren, daß Politik auch anders möglich ist. Dann aber müßten sie selber staatsmännische Größe nicht länger als die Kapazität zum massenhaften Töten von Menschen definieren. Beim anglo-amerikanischen Aufmarsch am Golf besiegt man allenfalls SADDAM HUSSEIN mit SADDAM HUSSEIN. Worauf die Welt jedoch wartet, das ist, zum ersten Mal außerhalb der Tage MAHATMA GANDHIS in

Indien, ein Sieg der Menschlichkeit über die Barbarei. Solange wir an den Irrsinn glauben, man könne Kriege in Ehren gewinnen, notfalls Atomkriege, notfalls Kriege mit allen Mitteln, so lange wird es Irre geben wie SADDAM HUSSEIN, die auf Giftgas und Bakterien setzen, ganz einfach weil sie billiger und technisch einfacher zu beschaffen sind als Atomwaffen und Tarnkappenbomber. Alle Bombardements im Irak werden nichts an der Tatsache ändern, daß die Fähigkeit zur Herstellung solcher Waffen in den Köpfen der Wissenschaftler weiterbesteht.

Die Frage stellt sich deshalb, wie lange wir uns noch die Verhaltensweisen eiszeitlicher Jägerhorden mitten im Computerzeitalter leisten können und leisten wollen. 30 000 Menschen zum Beispiel benötigen derzeit im Erdbebengebiet bei Rustak in Afghanistan dringend Hilfe – diese Hilfe ist unmöglich, erklärt man, das Wetter sei nicht günstig, die Straßen zu schlecht. Läge Rustak im Irak und man wollte es mit Bomben belegen, man würde im Handumdrehen Wege dazu finden. Immer noch scheint es leichter, Menschen zu töten, als Menschen zum Leben zu helfen. Doch nur dem Frieden gehört die Zukunft. Ganz im Ernst: Wie wäre es, man bombardierte, parallel zu den Inspektionsverhandlungen, den Irak mit Medikamenten und Getreide? Die irakische Bevölkerung hätte dann wenigstens die Chance zu merken, daß diese Politik ihr wohl will.

Ein jeder, der als Soldat seinen «Dienst» tut, steht heute vor einer Wahl: Entweder er folgt gutgläubig weiter jenem archaischen Denken, wonach ein Krieg heiliges Gottesrecht durchsetzt – dann ist das Soldatsein selber ein göttlicher Auftrag, wie für einen Priester, wie für einen Scharfrichter, dann ist das Abschlachten Hunderttausender Menschen ein gottwohlgefälliges Opfer, das immer mal wieder gebracht werden muß, oder er erkennt, was er längst wissen könnte: Ein moderner Krieg dient keinem Gott mehr, nur dem Götzen der Macht; dann kann er seinen «Dienst» nicht mehr ausüben. Bomben zu werfen ist niemals ein Job. Nehmen wir an, man hätte im Februar 1991 einem amerikanischen Soldaten befohlen, auf einen Bunker in Bagdad zuzugehen und mit der Maschinenpistole 600 bis 700 Kinder, Frauen und alte Leute umzubringen – müßte er nicht die Psyche eines Massenmörders besitzen, wenn er einen solchen Befehl ausführen könnte? Wenn man ihm aber befiehlt, eine «intelligente» Bombe mit den Zieldaten des Bunkers zu programmieren, tut er dann etwas wesentlich anderes, nur weil er nicht sieht, was er anrichtet? Man nennt jemanden einen Mörder, der aus «niedrigen Beweggründen» einen anderen tötet. Nun denn: Ist etwa geistige Trägheit und faule Gewohnheit kein niedriger Beweggrund? Ist feiger Gehorsam und Furcht vor sozialer Ächtung im Fall einer Befehlsverweigerung kein niedriger Beweggrund? Es war ERICH MARIA REMARQUE, der in seinem Roman *Im Westen nichts Neues* schon 1929 schrieb: «Aus uns sind gefährliche Tiere geworden ..., überschwemmt von dieser Welle, die uns grausam macht, zu ... Mördern, zu Teufeln ... in Angst und Wut und Lebensgier ... Käme dein Vater mit denen drüben, du würdest nicht zaudern, ihm eine Granate gegen die Brust zu werfen!» Und er fügte hinzu: «Wie sinnlos ist alles, was je geschrieben, getan, gedacht wurde, wenn so etwas möglich ist! Es muß alles gelogen und belanglos sein, wenn die Kultur von Jahrtausenden nicht einmal verhindern konnte, daß diese Ströme von Blut vergossen wurden, daß diese Kerker der Qualen zu Hunderttausenden existieren.»

SADDAM HUSSEIN zu besiegen – das heißt, als erstes sich selbst zu besiegen. Wir haben nicht recht, wenn wir nur recht haben wollen. Spätestens beim Töten von Menschen haben wir unrecht; egal aus welchem Grunde, egal zu welchem Zweck. Soldaten sind Mörder.

Deutsches Allgemeines Sonntagsblatt, 12. August 1994

«Pfarrer auf der Kanzel: Sag nein!» oder Kriegsbereitschaft darf nicht der «Normalfall» sein

Das Bundesverfassungsgericht bat entschieden, das Parlament mit überwältigender Mehrheit zugestimmt. Die Schmach von 1991, daß deutsche Soldaten sich abseits halten, wenn etwa 50 andere Nationen, zusammen eine halbe Millionen Mann, bereitstehen, ein UNO-Mandat wie das zur Befreiung Kuwaits militärisch durchzusetzen, wird sich nicht mehr wiederholen. Beim nächsten Mal werden wir dabei sein. Ab sofort wird die NATO, gewissermaßen als der zweite Arm der UNO, auch auf deutsche Beteiligung zählen können, wenn sie zugunsten der Menschenrechte zur Befriedung von Krisenherden selbst außerhalb ihres eigenen Territoriums «friedenerzwingende Maßnahmen» zu ergreifen sucht. Nach den Jahren einer politischen Sonderrolle, bedingt durch die Zeit des Dritten Reiches, kehrt Deutschland nunmehr in die *Normalität* der Völkergemeinschaft zurück, so sagt man. Deutschland, so heißt es, gewinnt fortan die Fähigkeit wieder, Weltverantwortung zu übernehmen. Vieles hat sich dadurch politisch geändert, moralisch, fast unbemerkt, alles. Denn: Ab sofort werden wir töten müssen!

Als 1956 die allgemeine Wehrpflicht eingeführt wurde, geschah das in vollem Bewußtsein der *tragischen Ambivalenz* alles militärischen Handelns. Gerade elf Jahre waren seit dem 6. August 1945 vergangen, als über 200 000 Menschen in wenigen Sekunden durch den ersten Atombombenangriff in der Geschichte der Menschheit getötet worden waren. «Wir dürfen nicht vergessen, sonst wird alles wiederkommen», schrieb MARGUERITE DURAS in ihrem Filmdrehbuch *Hiroshima mon amour.* «10 000 Grad auf dem Platz der Sonne ... – Du hast nichts gesehen in Hiroshima.» Wenn *das* der moderne Krieg ist: das buchstäblich unvorstellbare Grauen, die wahllose Ausrottung unzähliger Frauen, Männer und Kinder, mit Folgeschäden durch Leukämie und Fehlgeburten auf Jahrzehnte, darf man dann sprechen wie Präsident TRUMAN damals, als er von dem «gelungenen» Bombenabwurf erfuhr: «Wir haben ihnen einen Ziegelstein auf den Kopf geschmissen»? Der Öffentlichkeit gab man bekannt, alle militärischen Anlagen in der japanischen Hauptstadt seien vernichtet worden; was aber war mit der bewußten Vernichtung von mehr als drei Vierteln der Wohngebiete? Auf den Flugzeugträgern im Pazifik jubelten die Soldaten über ihren Erfolg; und um es noch einmal zu probieren, nicht zuletzt auch, um die Technik eines neuartigen Explosionsmechanismus zu überprüfen, bestimmte man drei Tage später als nächstes Angriffsziel Nagasaki, ganz so, als käme es jetzt auf ein paar hunderttausend Tote mehr oder weniger auch nicht mehr an. Man konnte «das» machen, und so machte man «es». Jahrzehnte später noch trafen sich die Männer der Bordbesatzung der «Enola Gay», um den Abwurf ihrer «Little Boy» genannten Bombe unter dem begleitenden Gebet des Militärpfarrers würdig zu feiern, und noch am 3. August 1994 erklärte General CHARLES SWEENEY, der die Bombe auf Nagasaki abgeworfen hatte, im *Stern-TV* auf RTL, er habe nichts zu bereuen, er habe seinen Eid als Soldat geschworen und sei ihm treu gewesen.

Sind Kriege im Atomzeitalter überhaupt noch zu führen? Diese Frage spaltete von Anfang an die «Philosophie» der NATO. Den deutschen Soldaten vor allem erklärte man, daß sie all die Scheußlichkeiten, in denen man sie ausbildete, nur lernen würden, um sie niemals anzuwenden; nur eine funktionierende Abschreckung garantiere einen Frieden in Sicherheit und Freiheit. Wie aber kann man mit etwas drohen, das man im «Ernstfall» nicht auch bereit wäre zu tun? Und kann man wirklich bereit sein, beliebig oft Hiroshima und Nagasaki oder Tokio oder Hamburg oder Dresden zu wiederholen? Das moralische Dilemma sah man sehr wohl, doch rettete man sich mit der Zusage, die man politischerseits den Soldaten gab: «Es genügt, daß ihr da seid. Niemals werdet ihr tun müssen, was ihr da übt. Gerade eure Wehrbereitschaft erspart euch den Einsatz im Krieg.» Für die evangelische Kirche in Westdeutschland folgte aus der moralischen Widersprüchlichkeit des Soldatseins im Atomzeitalter zumindest das Recht, den Wehrdienst aus Gewissensgründen verweigern zu dürfen: «Wer A sagt, muß auch B sagen. Aber wehe den Leichtfertigen!» Die evangelische Kirche in Deutschland rückte damit auf bemerkenswerte Weise von der Haltung der katholischen Kirche ab, die in bedingungsloser Unterstützung der CDU-Politik unter KONRAD ADENAUER versuchte, das Gesetz über die Wehrdienstverweigerung aus Gewissensgründen mit allen Mitteln zu Fall zu bringen. In der Tat demonstrierten unsere stärkeren Verbündeten bereits, daß sie keineswegs gewillt waren, sich durch moralische Skrupel in der Herstellung immer vernichtenderer Waffen aufhalten zu lassen. Nicht etwa die moralische Ächtung des atomaren, biologischen oder chemischen Krieges, ganz im Gegenteil, die Erringung eines möglichst großen Rüstungsvorsprungs bildete das Ziel vornehmlich der amerikanischen Politik, von der Zündung der ersten Wasserstoffbombe 1952 an über den Aufbau des Strategischen Bomberkommandos bis hin zur Entwicklung der Neutronenbombe und den Anfängen des Star-Wars-Programms.

Niemals in diesem 20. Jahrhundert, beginnend mit den «Materialschlachten» und Giftgasangriffen vor Verdun, fortgesetzt mit den Flächenbombardements des Zweiten Weltkriegs, erweitert noch durch die massive chemische Kriegführung der Amerikaner in Vietnam bei ihren «Entlaubungsaktionen» mit dem krebserregenden Dioxin *Agent orange*, *niemals* hat es in diesem 20. Jahrhundert eine moralische Grenze des militärischen Denkens gegeben. Umgekehrt: Durchgängig war es das militärische Denken, das sich als Maßstab dessen setzte, was als «verantwortlich» zu gelten hatte; unverantwortlich erschien es demnach, die militärische Hochrüstung *nicht* bis zum Äußersten voranzutreiben. Selbst ein Atomkrieg müsse unter Umständen als ein Zeichen des göttlichen Gerechtigkeitswillens verstanden werden – mit solchen jesuitischen Thesen heizte die katholische Kirche noch Ende der fünfziger Jahre die «Wehrbereitschaft» in Deutschland an, und sie zögerte nicht, entsprechend demselben Denken in Frankreich noch 1972 den Aufbau der atomaren Abschreckungsstreitmacht durch ein eigenes Votum der nationalen Bischofskonferenz abzusegnen.

Mit anderen Worten: Seit jetzt 40 Jahren haben wir es moralisch für unbedenklich gefunden, den Achtzehnjährigen Generation um Generation beizubringen, daß sie «im Notfall» «zugunsten höherer Werte» «aus Verantwortung» zum Krieg, inklusive des großen nuklearen «Vergeltungsschlags», bereit sein müßten, auf jeder Stufe der möglichen «Bedrohung» mit eben den gleichen Mitteln «angemessen» zu antworten und daß sie, wenn befohlen, sich in wenigen Minuten zur Auslösung des jederzeit möglichen Infernos sprungbereit zu halten hätten.

«Aber im Ernstfall hätte man doch immer noch nein sagen können!» Und: «Nur durch unsere kompromißlose Verteidigungsbereitschaft ist uns das Entsetzliche gerade *erspart* geblieben.»

Das sind die beiden Erklärungen, die bis heute das Denken in der Zeit des «Kalten Krieges» als «richtig», ja, als «erfolgreich» hinstellen sollen. Doch sie treffen nicht zu! Wie denn: im «Ernstfall» hätten wir nein gesagt? Wirklich: wir hätten anders gehandelt als Oberst PAUL TIBBETS über Hiroshima und General SWEENEY über Nagasaki? Moralisch war der «Ernstfall» doch längst gegeben! 1954, am Ende des Korea-Krieges zum Beispiel, rechneten die amerikanischen Seestreitkräfte im Pazifik fast täglich mit dem Befehl zu einem Vernichtungsschlag gegen das kommunistische China, der Hunderten von Millionen Menschen das Leben hätte kosten können. Es ist die furchtbare Wahrheit: Genau darauf, auf das millionenfache Töten von Menschen in wenigen Sekunden, war man vorbereitet, genau dazu war man moralisch bereit! Oder 1962, als während der Kubakrise die B 52-Bomber bereits in der Luft waren, um Städte wie Wolgograd, Moskau, Kiew oder Stalingrad dem Erdboden gleichzumachen, *wäre* man dazu nicht nur moralisch imstande gewesen, man war dazu imstande – das Räderwerk hatte bereits zu laufen begonnen. Daß es dann glücklicherweise nicht dazu kam, bedeutet selbst im Rückblick moralisch keinerlei Entlastung; es ist keine moralische Kategorie, «Glück gehabt» zu haben. Was für einen Preis haben wir gezahlt, als wir den Holocaust ganzer Teile dieser Erde als Möglichkeit unseres Handelns moralisch akzeptierten – um als «verantwortlich» zu produzieren, was die Militärs «Sicherheit» nannten!

Und war es denn Sicherheit, was sie produzierten? Daß man durch bestimmte militärische Drohgebärden Kriege verhindern könne, war das bestimmende Argument selbst noch im Sommer 1990 nach dem Überfall des Irak auf das Ölscheichtum Kuwait. Die riesige Armada, die damals gegen das 600 000-Mann-Heer SADDAM HUSSEINS zusammengezogen wurde, sollte erneut, allein durch ihre Existenz, den Diktator und Aggressor zum Einlenken zwingen. In Wahrheit dokumentierte gerade der Golfkrieg die ganze Brüchigkeit, ja, den Zynismus der Doktrin von der Kriegsverhinderung durch Kriegsbereitschaft. «Wir Deutsche», erklärte sinngemäß 1991 der katholische Militärbischof DYBA, «waren damals wohl militärisch, nicht aber moralisch zum Einsatz am Golf gerüstet.» Die deutsche Nichtbeteiligung an den Kampfhandlungen betrachtete er als moralische Schlappe, und die CDU-Politiker sahen darin eine rechtliche Lücke; diese «Lücke», Gottlob, scheint nun endlich geschlossen, auf daß auch wir künftig «Weltverantwortung» wahrnehmen können.

Aber ging es im Golfkrieg, gerade in diesem, denn wirklich um Weltverantwortung?

Gezeigt hat sich damals als erstes, in welch einem Umfang die US-Administration willens und fähig ist, die UNO im Sicherheitsrat ebenso wie in der Vollversammlung auf ihren Kurs zu bringen und sie sozusagen zu einer erweiterten NATO zu manipulieren. Kleine Länder wie Südjemen oder Jordanien, die sich im Oktober 1990 weigerten, dem Militäreinsatz am Golf ihr Placet zu geben, wurden damals massiv unter wirtschaftlichen Druck gesetzt, andere Länder wie China wurden diplomatisch «neutral» gestimmt, Länder wie Ägypten waren bereits am Telefon botmäßig zu bekommen. Mehr noch: Gefälschte Bilder von irakischen Soldaten, wie sie frühgeborene Kinder aus den Brutkästen eines Krankenhauses reißen, bezahlte Falschaussagen von eigens dazu bestellten «Krankenschwestern» wurden über CNN weltweit verbreitet, um im Vorfeld den Eindruck zu verstärken, daß man mit derart «Kriminellen» nur noch die Sprache militärischer Gewalt reden könne. «Verhandlungen wird es nicht geben», sagte monatelang GEORGE BUSH. «Wer nicht schießen will, muß reden», sagte zögernd noch am 13. Januar 1991 HANS DIETRICH GENSCHER, doch da war es längst schon zu spät. Die Bundesregierung unterstützte zu diesem Zeitpunkt bereits mit allem, was sie legal konnte, die amerikanische «Entschlossenheit»; und wie auch nicht?

Wir wissen heute, daß es bereits 1982 der amerikanische Geheimdienst war, der SADDAM HUSSEIN zum Krieg gegen das Mullah-Regime im Iran überredete und ihm mit entsprechenden Unterstützungen einen raschen Sieg versprach. Der achtjährige Krieg, der dann folgte, kostete mehr als einer halben Million Menschen das Leben, doch gerade auf diese Weise glaubte man in Washington, am besten die islamische Revolution stoppen zu können. Dann aber durfte auch der Irak in der Region keine Vormachtstellung erringen. Bei PIERRE SALINGER (P. SALINGER – E. LAURENT: *Krieg am Golf. Das Geheimdokument*, München 1991), dem ehemaligen Sicherheitsberater JOHN F. KENNEDYS, und bei RAMSEY CLARK (*Der Wüstensturm*, Göttingen 1993), dem amerikanischen Justizminister unter GERALD FORD, der bereits in Vietnam, Kambodscha, Grenada und Panama die Folgen der «Sicherheitspolitik» seines Landes vor Ort ausführlich dokumentiert hat, kann man das Motiv und die Winkelzüge nachlesen, mit denen die US-Diplomatie den damals mit über 60 Milliarden Dollar verschuldeten Irak in den Golfkrieg förmlich hineintrieb und dabei mit dem merkwürdigen Doppelspiel der amerikanischen Botschafterin in Bagdad sogar die Annexion Kuwaits bewußt in Kauf nahm, um desto gründlicher die irakische Militärmaschinerie zerschlagen zu können. Hauptsächlich ging es dabei nicht einmal um die Kontrolle über die Erdölreserven im Nahen Osten; es schien der Regierung BUSH einfach nötig, das Waffenpotential, das man selbst jahrelang in die Region gepumpt hatte, früh genug zu zerschlagen, ehe SADDAM HUSSEIN damit eine eigene Vormachtstellung am Golf hätte aufbauen können. Was CNN dann für Millionenbeträge seitens der US-Regierung in alle Welt ausstrahlte, war das Propaganda-Video eines Kriegs ohne Opfer. Egal, wie viele Menschen am Golf nun getötet wurden – 100 000? 300 000? –, egal, wie viele irakische Soldaten in ihren Schützengräben auf Kilometerlänge mit gepanzerten Bulldozern bei lebendigem Leibe zugeschüttet wurden, um sich ihre Beerdigung zu ersparen, egal, wie viele tausend Tonnen radioaktiven Materials aus den plutoniumummantelten Panzergranaten heute noch auf irakischer Erde die Menschen auf unabsehbar lange Zeit gefährden, egal auch, wie viele Kinder und Kriegsverletzte heute noch infolge der amerikanischen Embargopolitik durch medizinische Mangelversorgung qualvoll sterben müssen – «ich war noch nie so stolz», erklärte GEORGE BUSH am Tag der irakischen Kapitulation unter den Augen der Weltöffentlichkeit, und alsbald sponserte die amerikanische Rüstungsindustrie mit 60 Millionen Dollar die wochenlangen Siegesparaden in den Hauptstädten, während sie schon wieder dabei war, für ihre so erfolgreichen Waffensysteme Verkaufsaufträge in Rekordhöhen abzuschließen. Natürlich auch, daß amerikanische Firmen sich den Wiederaufbau Kuwaits von dem wiedereingesetzten Fürstenhaus fürstlich bezahlen ließen.

So sah der Krieg aus, bei dem nicht «dabei» gewesen zu sein wir uns heute «schämen» – und so ähnlich wird der Krieg aussehen, bei dem wir nächstens beteiligt sein werden!

Nein, es wird höchste Zeit, daß wir das Wort «Weltverantwortung» anders wiedergeben, als es uns heute vorbuchstabiert wird. Nehmen wir *Somalia* – da wollte die Regierung BUSH schon einmal ihre neue «Weltordnung» vorführen, liegen doch am Horn von Afrika die größten Ölvorkommen des Kontinents; auch deutsche Soldaten waren erstmals «dabei», allerdings «nur» zu humanitären Zwecken. Doch war das nicht (schon mehr als) genug? Daß bei der absurden Jagd auf Clanchef AIDID nicht auch deutsche Soldaten in den Kampfhubschraubern saßen, die mit ihren Bordwaffen – wieder einmal – unbekannt wie viele Somalier töteten – wer bedauert das?

Und *Bosnien?* Da sind es sogar die Militärs, die von Anfang an davor warnten, einen Krieg mit «Kampfeinsätzen» «beenden» zu wollen, der wie kaum ein anderer Konflikt in Europa die Folgen einer «Politik» widerspiegelt, die immer noch glaubt, mit Gewalt Recht zu schaffen oder zu verteidigen. Wer, der heute die «kriegslüsternen» Serben verurteilt, erinnert sich noch an die Greuel, mit denen 1942 beim Versuch, einen katholischen Kroatenstaat zu bilden, mit passiver Duldung des Vatikans und im Schutze Nazi-Deutschlands etwa 600 000 Serben in KZ-ähnlichen Lagern ermordet wurden für kein anderes Verbrechen als dafür, orthodoxe Serben und nicht römisch-katholische Kroaten zu sein? Wenn man schon weiß, daß man Ehebruch nicht mit Ehebruch, Diebstahl nicht mit Diebstahl, Lüge nicht mit Lüge aus der Welt schaffen kann, wieso dann eigentlich das Töten durch das Töten – den Krieg durch den Krieg?

Es ist kein Zweifel, wir Deutsche sollten «Weltverantwortung» «wahrnehmen», ja, wir hätten sie längst schon «wahrnehmen» *sollen!* Doch dazu gehört gerade nicht die neuerliche Bereitschaft zum Kriegführen, dazu gehört die längst fällige Entschlossenheit, *die Gründe* anzugehen, aus denen heraus immer wieder Kriege entstehen.

Einen Hauptfaktor bildet dabei das dramatisch wachsende Unrecht der Preisrelationen für Rohstoffe und Fertigwaren zwischen der Ersten und der Dritten Welt, das drei Viertel der Menschheit in Unterentwicklung und sozialem Elend gefangenhält. Obwohl die BRD schon 1963 versprochen hat, 0,7 Prozent des Bruttosozialprodukts für die «Entwicklungshilfe» einzusetzen, ist daraus, objektiv betrachtet, nicht einmal so etwas wie eine Verlangsamung der chronischen Ausbeutung der Länder auf der Südhalbkugel geworden. Inzwischen zeigt das Beispiel *Ruandas*, wie ein ehemaliges Kolonialgebiet allein durch eine Verdoppelung der Bevölkerung in 25 Jahren (10 Kinder hat dort eine Frau im Durchschnitt!) plus einer Mißverwaltung, der der Amerikaner im ersten Drittel dieses Jahrhunderts auf *Tahiti* nicht unähnlich, ins Chaos gestürzt werden kann. Plötzlich wird klar, daß es immer schon eine selbstbetrügerische Illusion war, Waffen, munter drauflos, überallhin zu exportieren, wo gerade kein «Spannungsgebiet» besteht. Wir Deutsche stehen heute bereits an dritter Stelle des Waffenexports, und die deutsche Rüstungsindustrie wird allein an der «Nachrüstung» für alle möglichen denkbaren Einsatzfälle der Bundeswehr von der Sahara bis zur Antarktis auf unabsehbare Zeit immer weitere Milliarden verdienen – wie doch Moral und Geschäft einander umarmen! Doch wer gibt uns das Recht, in der Rolle des Weltpolizisten oder der Weltfeuerwehr aufzutreten, wenn wir das Feuer zum Zündeln vorneweg selbst legen?

Immer noch zeigt sich, daß wir in Deutschland bei einer Staatsverschuldung von etwa 2 Billionen DM (das ist eine Zahl mit zwölf Nullen; das macht etwa 30 000 DM Schulden pro Kopf jedes einzelnen Bundesbürgers!) immer noch 47 Milliarden DM pro Jahr bereit sind, für Militär und Rüstung auszugeben. «Die Abrüstung kommt von allein, schon weil wir die Rüstung nicht länger bezahlen können», sagte vor einer Weile der Konstrukteur der Ost-West-Entspannung EGON BAHR. Wohl wahr! Doch auch falsch; denn es ist das genaue Gegenteil von «Weltverantwortung», nur wie erzwungenermaßen, allein unter dem Druck der selbstverschuldeten finanziellen Engpässe den Rüstungswahnsinn nach und nach zu verringern. In all der Zeit, da wir im Kalten Krieg das Wort «Sicherheit» durch Überrüstung definiert haben, ist die Zahl derer, die an den Folgen von Unterernährung und Hunger sterben, auf 50 Millionen Menschen pro Jahr gestiegen. Was wäre mit 47 Milliarden DM im Kampf gegen die Ursachen der Kriege alles zu machen: Wir könnten damit weltweit (!) die Lepra und die Malaria bekämpfen, wir könnten Hunderttausenden von Kindern Schulen bauen und ihnen Ernährung und Ausbildung bereitstellen, wir könnten Meerwasser entsalzen und Wüsten bewässern. Wir könnten die Bevölkerungsexplosion stoppen und die Zerstörung der Umwelt aufhalten ... wir könnten ..., wir müßten nur umdenken! Statt dessen sehen wir unsere «Weltverantwortung» derzeit darin, das «Selbstbestimmungsrecht der Völker» zu verteidigen, während wir vor der jahrzehntelangen Unterdrückung, ja, systematischen Vernichtung des kurdischen Volkes auf dem Gebiet des NATO-Partners Türkei einfach die Augen verschließen; statt dessen erklären wir es für «Weltverantwortung», die «Menschenrechte» überall zu schützen, während wir nichts dabei finden, mit der Volksrepublik

China, in der schätzungsweise 16 Millionen Menschen als politische Gefangene inhaftiert sind, Industrieaufträge für 5 Milliarden DM abzuschließen; statt dessen ist es uns immer noch unmöglich, vielleicht doch nicht LI PENG, sondern den DALAI LAMA mit politischen Ehren zu empfangen und als das geistliche Oberhaupt des tibetischen Volkes anzuerkennen.

Wir Deutsche könnten in Sachen «Weltverantwortung» eine Menge Dinge tun, wenn wir nur endlich aufhören würden, uns phantasielos ins Schlepptau der amerikanischen Großmachtpolitik nehmen zu lassen. Wir könnten, sagen selbst SPD-Politiker, aus der NATO nicht austreten, um als Bündnispartner nicht unzuverlässig zu scheinen. Aber Frankreich konnte aus der NATO austreten, um seine eigene Atomstreitmacht auf die Beine zu stellen; und es gibt, weiß Gott, *bessere* Gründe, aus dem uralten militärischen Gleichschritt auszubrechen: Die Welt kann ihn sich nicht mehr leisten! Unter seinen Stiefeln stirbt die Natur! Und jede Stelle der Erde, die er berührt, wird gezeichnet vom Tode!

Was wäre darum zu geben, wir hätten einmal eine Generation, die es nicht mehr als «Pflicht» begreifen müßte, auf die Frage: «Er oder ich» – zu sagen: «Ich» – und zu töten, um zu überleben, oder, schlimmer, zu töten, um als Soldat seine Pflicht zu tun! Reden wir nicht einmal von der Bergpredigt. Reden wir auch nicht davon, daß die Kirchen, statt immer wieder mit den Wölfen zu heulen, die Pflicht zum Widerstand in diesem Punkte längst hätten anmahnen müssen. Sagen wir es mit HENRI BARBUSSE *(Das Feuer)*, der 1917 schon schrieb: «Die Hand, die tötet, ist immer gemein.» Oder mit WOLFGANG BORCHERT, der 1947, verzweifelt, auf dem Sterbelager notierte: «Pfarrer auf der Kanzel, wenn sie wiederkommen und dir befehlen, du solltest die Waffen segnen und den Krieg rechtfertigen, Pfarrer auf der Kanzel: Sag nein!» «Wenn du das verstehen kannst», sagt bei REMARQUE *(Zeit zu leben und Zeit zu sterben,* 1953) einmal eine Frau inmitten der Trümmer ihres zerbombten Dorfes zu ihrem

Geliebten, zu dem auf Urlaub heimgekehrten ERNST GRAEBER, «wenn du *das* verstehen kannst, dann bist du noch schlimmer als die, die es getan haben.»

«Der Geruch des Blutes und der Staub der letzten Zerstörung», schrieb REMARQUE, «sind noch nicht verflogen, und schon arbeiten Laboratorien und Fabriken aufs neue daran, den Frieden zu erhalten durch die Erfindung von Waffen, mit denen man den ganzen Erdball sprengen kann. – Den Frieden der Welt! Nie ist mehr darüber geredet und nie weniger dafür getan worden als in unserer Zeit.» *(Der schwarze Obelisk,* Köln 1956, S. 7)

Was können wir tun, um den «Sieg, nicht nur der Dummheit, der Reaktion und des Egoismus ... unter der Maske des Fortschritts, der Wahrheit, der Menschlichkeit» zu verhindern?

Diese Frage, diese Klage REMARQUES (*Tagebuch,* 15. April 1953) ist 40 Jahre später unter ADENAUERS Enkeln aktueller denn je. Denn: «Das Vermächtnis der Toten (aller Kriege) heißt nicht: Rache –, es heißt: Nie wieder!» (*Berliner Tageszeitung,* 3. Februar 1931)

Antisemitismus – in psychoanalytischer Sicht

Vortrag in der Reformierten Kirche zu Paris, 28. April 1994

Meine sehr verehrten Damen und Herren, ich danke Ihnen sehr für Ihr Interesse an dem Thema des heutigen Abends; denn die Frage, wie wir den Hang zum Antisemitismus überwinden können, ist angesichts der Verbrechen des Holocaust ohne Zweifel eine der wichtigsten am Ende des ausgehenden 20. Jahrhunderts. Dann aber danke ich Ihnen besonders, daß Sie mir heute abend als einem *Deutschen* zu diesem Thema aus der Sicht eines *Psychoanalytikers* zuhören wollen.

Ich war erst fünf Jahre alt, ein Kind noch, als das sogenannte Dritte Reich unter den Bombenangriffen der Alliierten in Schutt und Asche sank. Ich habe den Antisemitismus kennengelernt durch ALAIN RESNAIS' Film *Nacht und Nebel* – den Aufmarsch der SA zum Stakkato einer Flötenmusik: «Ein Acker mit Krähen, ein Feldweg, auf dem Liebespaare gehen, Gleise, in denen Löwenzahn blüht – können zu einem Konzentrationslager führen.» So ähnlich lauten die ersten Sätze dieses unvergeßlichen, weil ungeheuerlichen Films. «Wir dürfen nicht vergessen, sonst wird alles wiederkommen», sagt RESNAIS in *Hiroshima mon amour* gegenüber der Furie des Krieges: – «10 000 Grad auf dem Platz der Sonne – ich habe die Kinder gesehen in dem Spital von Hiroshima – ich habe die Schatten der Menschen gesehen, deren Gestalt die Strahlen in die Wände der Häuser brannten ... – Du hast nichts gesehen in Hiroshima.» MARGUERITE DURAS warf diese Frage auf: wann eigentlich wir die Greuel der Geschichte so sehen, daß wir zur Einsicht gelangen? «Selbst

Beton läßt sich erweichen», sagt RESNAIS zu den Spuren der Fingernägel im Beton der Gaskammer von Auschwitz; wann aber läßt sich erweichen das menschliche Herz? Es waren wir Deutschen, das Volk GOETHES und RILKES, HEINES und FREUDS, KANTS und HEGELS, MOZARTS und BEETHOVENS, das diese Verbrechen verübt hat. «Wenn du älter wärest», sagte vor etwa 30 Jahren eine Frau am Bus-Schalter von Tel Aviv zu mir, «würde ich mit dir nicht reden.» Sie war dem Holocaust knapp entronnen; ihre Eltern, ihre Geschwister – sie alle hatte der Tod, dieser «Meister aus Deutschland» (PAUL CELAN: Todesfuge), hinweggerafft. Obwohl moralisch unschuldig, bin ich als Deutscher verbunden mit den Verbrechen, die Deutsche im Namen des deutschen Volkes in deutscher Sprache befohlen und wie eine Pflicht «gewissenhaft», pünktlich, ordentlich und zuverlässig durchgeführt haben.

Als Deutscher über den Antisemitismus sprechen kann man nur im Bekenntnis von Schuld – weinend, entsetzt, unfähig zu begreifen –: die eigenen Eltern, wo waren sie in jenen Tagen? Die Kirchen, die Bischöfe, die Literaten, die Journalisten, wo blieb ihre Stimme, als es galt, den Schrei der Opfer hörbar zu machen? Sie haben vor elf Tagen Paul Touvier in Lyon verurteilt, weil er in Vichy-Frankreich sieben Juden erschießen ließ, wie die Deutschen es wollten. Befehl ist eben nicht Befehl; es war möglich, Widerstand zu leisten. Doch wo ist die Grenze zwischen Mitwissertum, Mitläufertum und Mittätertum, und wenn es da überhaupt eine Grenze gibt, wer kann schon darüber bestimmen, auf welcher Seite der Grenze man steht? «Wer das Dritte Reich überlebt hat und war 1933 älter als 18 Jahre, ist schuldig», sagte Propst Grüber 1945; die ganze evangelische Kirche Deutschlands 1945 in Stuttgart erklärte sich schuldig; die katholische Kirche Deutschlands, deren Bischöfe 1941 in zwei Hirtenbriefen den Überfall auf Rußland für einen Kreuzzug gegen den atheistischen Bolschewismus erklärten und zu den Judenpogromen wohlweislich schwiegen, verschweigen bis heute das Verbrechen ihres Schweigens damals, als sie hätten reden müssen, wenn schon nicht im Namen des Juden aus Nazareth, dann im Namen der Menschen, ganz einfach.

Ich aber soll heute abend zu Ihnen nicht nur als Deutscher, sondern als Psychoanalytiker sprechen, nicht als Theologe, der ich einmal war. Als Theologe hätte ich es relativ einfach: Ich könnte den Antisemitismus moralisch verurteilen und seine Wurzeln freilegen: Ein kirchlicher Dogmatismus, der seine Wurzeln im antiken Mythos und im griechischen Rationalismus, nicht aber in der Menschlichkeit und prophetischen Poesie des Nazareners hat, kann nur antijüdisch ausfallen; ein Glaubensbekenntnis, das Jesus als Jude nicht hätte verstehen können und das bis heute kein Jude zu verstehen vermag, ist unchristlich, schon weil es strukturell antisemitisch ist und immer noch dem Volk der Erwählung notorisch «Unglauben» vorwirft. Jesus als eine göttliche Person, als die zweite Person der dreifaltigen Gottheit – nicht ABRAHAM, nicht MOSES, nicht MOHAMMED noch JESUS selber würden solche Formeln für den Grund ihres Lebens erklären. Doch ich soll nicht sprechen als Theologe zur Reform der Kirche in dieser «Kirche der Reformation», sondern ich soll als Psychoanalytiker das Verbrechen des Antisemitismus erklären oder doch zumindest menschliche verstehbare Gründe für seine Entstehung benennen. Und mit dieser Erwartung stecke ich notgedrungen in der Bredouille.

In seinem Buch *Zeit zu lieben und Zeit zu sterben* schildert ERICH MARIA REMARQUE (Ihnen bekannt als Autor von *Im Westen nichts Neues*) eine Frau, deren Mutter und Tochter von einer brüllenden Bombe zerfetzt wurden. «Wie können Menschen so etwas tun?» fragt sie unter Tränen ihren Geliebten, der für ein paar Tage Fronturlaub in seine verwüstete Heimatstadt zurückgekehrt ist; «nein, du kannst es nicht wissen; wenn du es wüßtest, wärest du ja noch schlimmer als die, die es getan haben.» Es war das Flehen des Gekreuzigten, es möge Gott doch den Peinigern vergeben, da sie nicht wüßten, was sie tun (Lk 23, 34). Sie aber möchten heute abend wissen, warum Menschen so etwas tun, und ich soll es Ihnen erklären. Bedeutet nicht, ein Verbrechen zu erklären, zugleich, es zu entschuldigen? Bedeutet nicht, einen Verbrecher zu verstehen, ihn der Gemeinsamkeit des Menschlichen zurückzugeben und damit auch die Unmenschlichkeit seiner Tat zu vermenschlichen?

Als JOACHIM FEST seine große Hitler-Biographie schrieb, zeichnete er das Bild einer durch und durch neurotischen Persönlichkeit, der es gelang, die Angst eines ganzen Volkes und einer ganzen Epoche zu verkörpern: die Angst von Millionen Arbeitslosen, die Angst von Millionen Kriegskrüppeln und Kriegswaisen, die Angst der Entwürdigung der endgültigen Niederlage einer einst stolzen Nation und das Aufbegehren gegen die Versailler Verträge, am Ende die Person eines «Führers», der nur noch von Medikamenten aufrechtgehalten wird, ein seelisches Wrack, ein Mann, der im Kreis seiner Sekretärinnen Unmengen von Kuchen verschlingt und von der Zeit seiner Einsamkeit als unbekannter Frontkämpfer, als Namenloser nach 1918 erzählt und der schließlich in EVA BRAUN ein blondes junges Mädchen heiratet, als sei da noch privates Glück zu pflanzen, wo der Feuersturm der Brandbomben aus den Schächten von 2000 angreifenden Maschinen Nacht für Nacht und Tag für Tag im «round-the-clock-bombing» von Luftadmiral HARRIS die deutschen Großstädte verheert. Man bekommt Mitleid mit dem Menschen ADOLF HITLER, man spürt seine tiefe Verzweiflung, man empfindet sein düsteres, wagnerianisches Verlangen nach heroischem Untergang – wurde nicht FRIEDRICH DER GROSSE nach sieben Jahren Krieg, stets am Rand der totalen Vernichtung, freigesprochen durch seinen Sieg über Österreich? Wurde nicht NAPOLEON trotz seiner Niederlage in Moskau, trotz Waterloo, trotz Verbannung und Tod auf St. Helena groß durch die Größe seines vermessenen Mutes? Noch heute in der Eliteakademie von Saint Cyr stellen die «Bazars» die Schlacht von Austerlitz nach – begeistert, aufopferungsfreudig, den Tod hinnehmend in gläubiger Hingabe an die Größe der Nation. Plötzlich begann man, die Gedanken des deutschen «Führers zu denken, dieses «Größten Feldherrn aller Zeiten», plötzlich gewannen sie ihre verführerische Faszination zurück. Nichts lag JOACHIM FEST ferner als eine Rechtfertigung der Verbrechen des «Dritten Reiches»; doch er beschrieb den Zustand dieser Zeit als eine kollektive Psychopathologie; und schon das war vielen zu viel. In Polen wurde der Film über sein Buch kurzerhand verboten. Man sollte das Verbrechen verurteilen, eindeutig und klar, aber nicht noch verstehen. Wer imstande ist, ein Verbrechen zu verstehen, gibt der nicht zu, es selber als Möglichkeit in sich zu tragen? – Genau das aber ist es, was ich Ihnen heute abend zumuten muß: das Ungeheuerliche als eine Möglichkeit in sich selbst zu entdecken.

Die Psychoanalyse ist in gewissem Sinne das Gegenstück zur Moral: Sie verurteilt selbst das Verbrechen nicht, sie befähigt allenfalls, es zu begreifen. Ist sie damit nicht selber schon eine Komplizin der Täter? Erklärt sie am Ende nicht gar das Opfer für schuldig an dem, was man ihm angetan hat? Paradoxerweise war das gerade einer der Gründe im «Dritten Reich», die «jüdische» Psychoanalyse zu verbieten. Für «gesund» und «arisch» sollte da gelten, Schuldiggewordene ohne Wenn und Aber mit dem Tode zu bestrafen, so wie es der «Weltkatechismus» der katholischen Kirche selbst im Jahre 1992, ein Bestseller auf dem französischen Buchmarkt, für «legitim» erklärt. Den Faschisten galt die Psychoanalyse für «zersetzend», eben weil sie zeigt, wie dünn die Haut über der Lava ist, die unseren Planeten überzieht. Gedanken, wie sie MICHEL FOUCAULD in *Wahnsinn und Gesellschaft* vorgetragen hat, stellen sie nicht wirklich das «gesunde Volksempfinden» auf den Kopf? Alles wird da dialektisch, verwickelt, kompliziert, da kann die Tugend die Quelle des Lasters sein, der gute Wille der Eltern der Grund für die Böswilligkeit ihrer Kinder, da gilt die Moral als Mittel der Macht, und jede Perversion erscheint als Symptom einer in sich perversen Gesellschaft. «Wir übergeben dem Feuer die Bücher des Juden Sigmund Freud – wegen Verherrlichung des Trieblebens und der niederen Instinkte» – so begann 1933 der Faschismus in Deutschland. Offenbar ist die Psychoanalyse, gerade weil sie *versteht*, den Regierenden lästig und wirksamer jedenfalls im Bemühen um die Vermenschlichung des Menschen als die einfachen Wertungen der bürgerlichen Moral.

In der vergangenen Woche ereignete sich in der Nähe meines eigenen Wohnortes, in Bielefeld, ein Brandanschlag auf ein von Türken bewohntes Asylantenheim; spontan versammelten sich am gleichen Tag noch etwa 600 Menschen zu einer Protestdemonstration; sie verurteilten das Verbrechen, sie gaben betroffen ihrem Entsetzen Ausdruck, sie nannten den Rassismus und Rechtsradikalismus eine abscheuliche Barbarei, sie schenkten Geld und Blumen den türkischen Mitbürgern, die, Gott sei Dank, unverletzt den Flammen entkommen waren. Dann gab die Polizei die Namen der Täter bekannt, sechs Jungen im Alter zwischen 14 und 16 Jahren. Kann man Jugendliche, halbe Kinder noch, als Verbrecher bezeichnen? Was soll aus einem Vierzehnjährigen werden, dessen Bild man in den Zeitungen als die Visage eines Monsters gebrandmarkt hat? Was soll eine Mutter mit einem Jungen tun, der «so etwas» getan hat? Verprügeln? Einsperren? Oder, entsetzt, in seinem Verbrechen, gerade in seinem Verbrechen, einen Hilferuf, ein verzweifeltes Flehen um eine Liebe hören, die er anscheinend so, wie benötigt, niemals bekommen hat?

Die Psychoanalyse besteht (im Idealmodell) darin, nachzulieben und nachzuleben, was all die Zeit über in einem Getto von Ängsten und Selbstzweifeln gefangengehalten wurde. Ihr Gegenüber ist zunächst nicht die Großgruppe einer Partei, einer Kirche oder eines Volkes, sondern die Psychologie des Einzelnen, wie sie in der Auseinandersetzung mit der unmittelbaren Bezugsgruppe, der Familie, geformt wurde. Eben dadurch aber kann die Psychoanalyse doch die Prozesse aufzeigen, durch welche der Einzelne auf bestimmte soziale Verhaltensweisen vorbereitet («sozialisiert») wird; und aufgrund ihrer Erfahrungen in der Gruppentherapie, verbunden mit gewissen Einsichten der Verhaltensforschung (Ethologie) und der Kulturanthropologie (Ethnologie) vermag sie im ganzen ein Schema zu erstellen, das plausibel macht, wie eine größere menschliche Gemeinschaft im gegebenen Fall reagiert. Das Paradox stellt sich in der Frage des Antisemitismus von Anfang an, daß wir menschlich wertvolle, sozialpsychologisch an sich nützliche Motivationen voraussetzen müssen, um Verhaltensweisen und Handlungen zu erklären, die in moralischem Betracht als verwerflich und strafrechtlich womöglich als kriminell einzustufen sind. Die Aufgabe der Psychoanalyse muß es sein, das menschliche Antlitz auch und gerade unter der Larve der offen zur Schau getragenen Bestialität wieder sichtbar zu machen.

Ein Punkt sollte dabei von vornherein klar sein: Der Antisemitismus ist kein individuelles Phänomen. Es geht nicht darum herauszufinden, wie und wieso Leute wie ADOLF HITLER und HEINRICH HIMMLER ihren persönlichen Haß auf «die» Juden ausagiert haben; es geht auch nicht darum, daß bestimmte kulturphilosophische oder rassistische Ideen wie die Thesen von HOUSTON STEWART CHAMBERLAIN oder des aberwitzigen LANZ VON LIEBENFELS «die» Juden als eine parasitäre oder degenerierte Menschenart hinzustellen suchten; – zu allen Orten und zu allen Zeiten werden über alle möglichen Zusammenhänge Ideen geäußert, die weit einsichtiger und entschieden besser begründet vorgetragen werden als die absurden antisemitischen Parolen am Ende des 19., zu Anfang des 20. Jhs. Das eigentliche Problem besteht darin, daß offenbar an sich ganz und gar unsinnige Ideen gleichwohl die Kraft gewinnen können und gewinnen konnten, das Bewußtsein, das Werteempfinden, die moralischen Überzeugungen großer Menschengruppen bis zum Wahnhaften zu deformieren. Warum? Was für Bedürfnisse sind es, die gegenüber einer einmal formulierten Ideologie jeden noch so vernünftigen Zweifel und Widerspruch niederhalten? Wie kommt es, daß ein derart hanebüchenes Buch wie ALFRED ROSENBERGS *Der Mythus des 20. Jahrhunderts* ein doch für zivilisiert geltendes, kulturell hochstehendes Millionenvolk wie die Deutschen im «Dritten Reich» zu Verbrechen von bis dahin nicht gekannten Ausmaßen hinzureißen vermochte? Drei Thesen sollen uns helfen, ein wenig Licht in das Dunkel zu werfen.

1) Der Antisemitismus als ein regressives Phänomen im Umgang mit Minderheiten

Eine der erstaunlichsten Fähigkeiten des Menschen, vermutlich der Grund seines evolutiven Erfolges auf diesem Planeten überhaupt, ist sein Verlangen nach einem hohen Maß sozialer Kooperation, das seinen wesentlichen Ausdruck im Spracherwerb des *homo sapiens sapiens* vor etwa 70 000 Jahren gefunden hat. Jeder ist mehr oder minder bereit, sich für das Überleben «seiner» Gruppe notfalls unter Todesgefahr einzusetzen. Was dabei jeweils als «meine» Gruppe gilt, hängt vom Stand der individuellen Entwicklung und der jeweiligen Kultur ab: die Familie, die Sippe, der Clan, der Stammesverband, das Volk, – sie alle können in sich erweiternden Ringen den Ort der sozialen Identifikation bilden. «Wer bist Du?» oder «Wer bin ich?» – diese Fragen können zunächst beantwortet werden mit der Auskunft: «Das Kind meiner Eltern», «der Angehörige meiner Familie», doch die Identifikation mit der jeweiligen Gruppe kann auch entsprechend weiter greifen: Man ist als erstes ein «Deutscher» oder ein «Franzose» – oder eben ein «Jude».

In unserem Zusammenhang entscheidend ist die perspektivische Wahrnehmungsverengung, die mit der Stärke der Gruppenidentität einhergeht. Man kann einer bestimmten Gruppe nur zugehören, wenn man die eigene Gruppe als «im Recht» befindlich gegenüber anderen Gruppen betrachtet. Einfache Experimente, die wir hier veranstalten könnten, würden das zeigen. Wir teilen zum Beispiel von den hier Sitzenden zweimal acht Leute für zwei Stunden getrennt voneinander zu einer bestimmten Aufgabe ein und fordern sie hernach auf, ihr «Werk» gegen den Anspruch der anderen Gruppe zu verteidigen – eine altbekannte Situation in gruppendynamischen «Labors» –, so würden wir erstaunt sein zu hören, wie bedingungslos jede Gruppe versucht sein wird, sich selbst als überlegen, als tüchtiger, als besser im Konkurrenzvergleich darzustellen. Andere Experimente zeigen, daß Gruppenmitglieder sich auf gemeinsame Überzeugungen gegenüber «Sachverhalten» festlegen, die objektiv gar nicht existieren.

In der Sprache der Sozialpsychologie: Alle Gruppen neigen dazu, positive Bilder über sich selbst *(Autostereotype)* zu entwerfen und eine «gegnerische» Gruppe mit einem negativen Fremdbild zu überziehen *(Heterostereotype)*; alle Gruppen neigen dazu, sich auf gemeinsame Vorstellungen zum Zwecke gemeinsamen Handelns festzulegen *(Meinungskonvergenz)*, selbst wenn die gewonnenen Ansichten mit keiner Wirklichkeit übereinstimmen, also wahnhaft sind – ganze Teile der menschlichen Kulturgeschichte können, ja, müssen so betrachtet werden! Schließlich wird jede noch so kleine oder noch so große Gruppe dazu neigen, eine *Hierarchie funktionaler Zuordnungen* auszuprägen: Es wird einen «Führer», einen «Alpha», mit einem Kreis von *Beratern* (Betas) und *Ausführenden* (Gammas) sowie *Unterdrückten* (Omegas) geben. Ein «Führer» ist dabei nicht ohne weiteres der nominell «Regierende», sondern derjenige, der die «wirklichen» Wertungen und Haltungen der Gruppenmitglieder zu formulieren versteht. Paradoxerweise ist der «Führer» nicht der «mächtigste», eher der am meisten «konzentrierende» Teil einer Gruppe.

Dieser Sachverhalt ändert sich nicht einmal wesentlich, wenngleich quantitativ, beim Übergang zur *Diktatur*. Als Anlaß dafür genügt eine Situation, die eine Gruppe um ihren Bestand fürchten läßt. Es scheint gut begründet zu denken, daß alle Gesetze der Soziodynamik, die wir hier aufzählen, in den Jahrhunderttausenden zustande gekommen sind, da kleine Gruppen unserer Menschen-Vorfahren in Jagd und Krieg, in Nahrungssuche und Revierverteidigung um ihr Überleben kämpfen mußten. Je größer die Angst vor drohender Destabilisierung und Identitätsverlust, desto heftiger die Tendenz zur Verstärkung des positiven Selbstbildes, der Meinungsvereinheitlichung und des «Führertums».

Parallel dazu hat sich in den Einzelnen die Bereitschaft zu Einordnung und Gehorsam ausgeprägt – eine Hingabebereitschaft bis zur Grenze des Tödlichen – und des Mörderischen. Berühmt sind die Versuche, die STANLEY MILGRAM an der Yale-Universität durchführte: Herausgefunden werden sollte, wie sich Menschen verhalten, denen man aufträgt, zugunsten eines «wichtigen» Zieles (etwa der wissenschaftlichen Forschung) andere Menschen (mit – virtuellen – Stromstößen) zu verletzen. Das Ergebnis war erschreckend: 48 Prozent der im repräsentativen Querschnitt der Bevölkerung ausgesuchten Versuchspersonen waren bereit, für ganze 4,50 Dollar Prämie Menschen einem Maximalschock von 350 Volt auszusetzen, also sie praktisch zu töten! Höchstens 3,73 Prozent würden dazu imstande sein, hatten die Psychologen prophezeit; zehnmal so viel waren es in der Wirklichkeit! Wohlgemerkt handelte es sich hier um keinerlei «sadistische» Motivation; den Grund des Verhaltens bildete allein das wirklich «normale» Bedürfnis nach sozialer Anpassung und pflichtgetreuem Gehorsam. – Da es schwerfällt, sich die

Macht der Gruppenbindung im Alltagsleben recht vorzustellen, hier einige Beispiele.

Als die Amerikaner nach 1945 in Nürnberg ihren Prozeß gegen die Schuldigen an den Naziverbrechen einsetzten, war es der heutige Bundespräsident WEIZSÄCKER, der seinen Vater juristisch verteidigte. «Jeder Sohn hätte das für seinen Vater getan», erklärten selbst führende Amerikaner, als man vor Jahren daraus ein Politikum machen wollte. Richtig, kann man nur sagen; es wird *jedem* fast unzumutbar schwerfallen zu glauben, daß die eigene Mutter, der eigene Bruder, die eigene Tochter etwas wirklich Schlimmes getan haben könnte, wenn es nicht hieb- und stichfest bewiesen ist. Aber selbst dann! Es wird auf Erden keine Organisation geben, die in ihrer Geschichte mit System und Überzeugung so viele Menschen getötet hat wie die katholische Kirche in den Jahrhunderten der Kreuzzüge, der Inquisition, der Hexenverfolgungen etc.; trotzdem wird es kaum jemanden geben, der allein deswegen den Anspruch der katholischen Kirche auf unfehlbare Wahrheit von Amts wegen anzweifeln und aus der Kirche austreten würde. Selbst die russischen Kommunisten unter STALIN, selbst die deutschen Kommunisten unter ULBRICHT waren in aller Regel außerstande, das kommunistische System selber in seinem Totalitarismus zu erkennen; in jedem totalitären System sind es stets nur einzelne Menschen, nicht das System selbst, das die Schuld an den barbarischen Exzessen hochkonzentrierter Macht trägt. «Das System hat keine Fehler – das System ist der Fehler», stand einmal an der westdeutschen Seite der Berliner Mauer zu lesen; aber das war schon kurz vor dem Zusammenbruch des Sozialismus. Der Gedanke auch nur, daß *alles*: die gesamte Gruppe, in der man lebt, unmenschlich, ja, verbrecherisch sein könnte, ist für den einzelnen, zumal in untergebener Stellung, außerordentlich schwer zu fassen.

Hinzu kommt der Faktor der Angst! Rinder auf der Weide, im Moment einer Gefahr, werden sich dichter aneinanderdrängen.

Wir Menschen nicht anders. In seinem Roman *Moby Dick* hat HERMAN MELVILLE in der Gestalt des Kapitäns Ahab einmal eine quasi faschistoide Führergestalt gezeichnet: Ein Mann treibt da die gesamte Mannschaft der «Pequod» in den Untergang, indem er die Angst der Männer durch seine Autorität bündelt und kanalisiert. Jede Diktatur wird geboren aus Angst und erhält sich in Angst. Das Motiv des Gehorsams, des Mitmachens, des Sich-Einsetzens für die «gute» Sache ändert sich dabei nicht, es wird «nur» bedingungsloser, kritikloser; *«selbstloser»*!

Nicht zuletzt kommt dem «Führer» die Aufgabe zu, den «Feind», die «Gefahr», die gemeinsame «Bedrohung» nicht nur abzuwehren, sondern vor allem zu «definieren». Kein menschliches Zusammenleben kommt umhin, die Aggressionen zwischen den Gruppenmitgliedern *nach außen* abzugeben. Die menschliche Kulturentwicklung läßt sich unter anderem als der Versuch beschreiben, immer größere in sich befriedete soziale Gebilde zu schaffen, deren aggressives Potential nach außen immer größer wird. Von den frühen sumerischen Stadtstaaten bis hin zu den großen Militärblöcken im 20. Jahrhundert hat sich dieser Trend nicht geändert, nur daß er heute weit gefährlicher noch ist als vor 5000 Jahren.

KONRAD LORENZ hat einmal gesagt, der Mensch sei gar nicht so schlecht, solange er es nur mit Gruppen von etwa zwölf Menschen zu tun habe. Er wollte sagen, die Gesetze der Sozialpsychologie seien in Primatenhorden und Frühmenschengruppen entstanden, um die Überlebenschancen von familienähnlichen Kleingruppen zu sichern, sie seien aber nicht auf den Erhalt von Gruppen berechnet, die viele Millionen Menschen umfassen. JANE GOODALL hat – zu ihrem Entsetzen – am Gombe-Fluß den Krieg zweier verfeindeter Schimpansengruppen protokolliert, der im Verlauf von etwa fünf Jahren zur regelrechten Ausrottung der Südgruppe führte. Die tätlichen Auseinandersetzungen lassen jede «Planung» und «Strategie» vermissen; doch man muß über das Säugetiergehirn der Schimpansen sich nur das Großhirn des Menschen gewölbt vorstellen, und man begreift, welch eine Größe und welch eine Gefahr in der Ausstattung des *homo sapiens* liegt: Wir sind offenbar nicht dagegen geschützt, nach dem Vorbild unserer Primatenvorfahren die eigenen Gruppeninteressen bis zur Vernichtung anderer artgleicher Gruppen absolut zu setzen und die Tötung fremder Artgenossen als einen triumphalen Sieg zu feiern.

Das Beispiel zeigt uns vor allem, daß Feindschaft und Kampf schon im Tierreich nicht aus dem Prinzip des «Arterhalts» (CHARLES DARWIN) zu verstehen sind, eher schon aus dem Prinzip des «Gruppenerhalts», wie es wohl ursprünglich sich aus den Verwandtschaftsbeziehungen, aus dem «Egoismus der Gene» (WOLFGANG WICKLER), entwickelt hat. Das Paradox besteht, daß selbst wir Menschen im Notfall, im Zustand der Angst, auf ein «Denken» zurückfallen können, das alle Gefühle von moralischem Wert ganz und gar der Durchsetzung des Gruppenegoismus dienstbar macht. Die Mitglieder der Gegengruppe hören dann auf, Mitglieder der menschlichen Gemeinschaft zu sein, – schon die Sprache der vorbereitenden Kriegspropaganda zeichnet sie mit Vorliebe als pestbringende Ratten, als schädliches Ungeziefer, und das muß wohl so sein, denn erst dann kann man, wie ERICH VON FALKENHAYN vor Verdun, eine Taktik des Artilleriekrieges zum «Ausbluten» des Gegners ersinnen oder, wie NORMAN SCHWARZKOPF im Golfkrieg, darauf verfallen, «killing boxes» einzurichten, in welche die eigene Luftwaffe so viele Druckbomben, Splitterbomben und Napalmbomben abwirft, daß in diesen Zonen kein Leben mehr möglich ist. In solchen Momenten zerreißt die Gemeinsamkeit des Menschlichen; die Vertreter des «Feindes» sind für die Dauer der Kampfhandlungen keine Menschen mehr, und alle Exzesse der Folter, der Vergewaltigung, des mutwilligen Abschlachtens von Männern, Frauen und Kindern, von Verwundeten und Verhungernden, wie wir es jetzt in Bosnien mit anschauen müssen, sind wohl weniger Kriegs«verbrechen» als Kriegs«gebrechen»: So ist er immer, der Krieg, darin besteht er, und wer ihn sich anders wünscht, darf ihn gar nicht erst führen.

Was wir vor allem auf diesem Hintergrund sehen, ist die Tatsache, daß Rassismus, Tribalismus oder Antisemitismus nicht als ursprüngliche Gegebenheiten des menschlichen Verhaltens zu betrachten sind, sondern daß sie die Wirkungen sozialpsychologisch tieferer Ursachen darstellen. Diese Feststellung ist erstaunlich, denn sie läuft auf die These hinaus, daß es nicht biologische Unterschiede sind, die Menschen einander zu Feinden machen, sondern wesentlich gruppenbezogene, kulturelle Unterschiede, weswegen wir einander bekämpfen.

Scheinbar widerspricht diese Auffassung dem leider so weitverbreiteten Phänomen des «Rassismus», den es ohne Zweifel wirklich gibt. Unterschiedliche Menschenrassen entstehen, indem eine bestimmte Population, durch Ozeane, Wüsten und Gebirge von anderen isoliert, über einen langen Zeitraum hin zur Anpassung an die Lebensbedingungen eines bestimmten geographischen und klimatischen Raumes gedrängt wird. So entstand vor etwa 15 000–12 000 Jahren die negroide Rasse, früher schon, vermutlich, die mongoloide und die europide Rasse; man könnte denken, daß allein diese Unterschiede, wenn nun Jahrtausende später die Trennwände der Artendifferenzierung durch Seefahrt und Handel wegfallen, zu «natürlichen» Gegensätzen zwischen den unterschiedlichen Rassen führen müßten, und das Erscheinungsbild der Geschichte bestätigt diese Erwartung. Millionen von Menschen wurden an den Küsten Afrikas wie Tiere eingefangen und unter hohen Verlustraten, wie beim Transport tropischer Fauna noch heute, zu den Sklavenmärkten Amerikas verfrachtet; noch um 1840 wurden in den Südstaaten der USA «Niggers» neben Tabak und Bananen wie Ware gehandelt. Haben «Neger» überhaupt eine Seele? In Südafrika konnte man diese

Frage bis vor kurzem noch allen Ernstes theologisch so fleißig diskutieren wie im Mittelalter die Frage, ob wohl Frauen eine Seele haben. Mit Entsetzen haben wir gelesen, daß die Konfliktparteien in Ruanda im Krieg zwischen Hutus und Tutsis nicht daran denken, in Friedensverhandlungen einzutreten; vielmehr lautet die Parole: «alles auszulöschen, was als Feind betrachtet wird, – niemand wird verschont: Kinder, Frauen, Säuglinge.»

Da gibt es also – das ist nicht zu leugnen – wirkliche Rassen- und Stammeskriege. Dennoch soll hier behauptet werden, daß Fragen der «Rassen-» oder der «Stammes»zugehörigkeit nur das auslösende Thema, nicht den wirklichen Grund der kriegerischen bzw. kriegsähnlichen Verhaltensweisen darstellen; den wirklichen Grund bilden Fragen der Gruppenidentität und der Gruppendurchsetzung. «Bosnien» 1994 kann da als ein Beispiel fungieren, das in sich Beweiskraft besitzt: dieselben Phrasen auch hier, die den «Gegner» zum Unmenschen und Gegenmenschen stempeln, dieselbe Brutalität bis zum «Genozid» auch hier, obwohl es erkennbar um «Gene» nicht geht; es geht nominell um «Religion»: Ist jemand römisch-katholisch, orthodox-katholisch oder muslimisch, das ist hier die Frage. Doch auch die Fragen der Religion dienen hier nur als Sammelbegriff für Unterschiede der politischen und geschichtlichen Tradition und der Herkunft aus verschiedenen religiös geprägten Kulturräumen. Weder Rasse noch Sprache machen einen Unterschied unter «Serbokroaten», einzig die «Religion» bildet die Identitätsklammer der jeweiligen Partei; aber jedem Außenstehenden scheint klar, daß es auch um «Religion» nicht eigentlich zu tun ist; die «Religion» dient lediglich als ideologische Rechtfertigung des Gruppenegoismus, als Erkennungsmerkmal der Gruppenidentität und folglich der Gruppendifferenz, als zentrales Stichwort des «Autostereotyps», das erklärt, warum man als katholischer Kroate oder orthodoxer Serbe oder muslimischer Bosnier etwas ganz Besonderes unter allen anderen Menschen ist, mit der Pflicht, dieses Besondere im

Namen Gottes gegen den Rest der Welt zu verteidigen und durchzusetzen.

Was uns hier, fernab vom Schuß, als Mißbrauch des Religiösen erscheint, enthält doch eine wichtige Lehre. Die Verehrung des Gottes der Bibel oder des Gottes des Korans müßte eigentlich Menschen vereinigen, statt Menschen zu trennen; zudem wird man zum Christen oder zum Muslim nicht durch Geburt und Kultur, sondern – dem Ideal nach – durch persönliche Entscheidung; gleichwohl können offenbar die Inhalte der Religion ihrer menschheitlichen Bedeutung entkleidet werden, um rein partikularistisch die Menschlichkeit einzig für eine einzelne Gruppe zu usurpieren. Die kostbarsten Errungenschaften der menschlichen Geschichte: die Werte der Kultur, fungieren in Augenblicken der Not nicht länger als Ausgangspunkte zur Vereinheitlichung des Menschlichen, sondern als Trennungsmerkmale zwischen den jeweiligen Einheiten; wie immer deren Identität sich definieren mag: ob rassisch, ethnisch, national, religiös, konfessionell, sprachlich, geschichtlich oder sozial – es wird die Definition dieser Identität notfalls den «Grund» für einen Krieg abgeben, der wesentlich zum Erhalt der Gruppenidentität geführt wird. Die bittere Einsicht, die wir aus diesem Befund gewinnen müssen, lautet, daß es nicht möglich ist, mit den Mitteln der Moral, der Religion oder der Kultur der Barbarei des Krieges Einhalt zu gebieten. Wenn eine menschliche Gruppe erst einmal – subjektiv oder objektiv – in die Situation gerät, um ihren inneren oder äußeren Bestand kämpfen zu müssen, werden die Gruppenprozesse selbst auf ein Niveau regredieren, auf dem die Inhalte der Moral, der Religion oder der Kultur in Instrumente der psychischen Mobilmachung umgewandelt werden.

«Umgewandelt» stimmt dabei freilich nur begrenzt. Liest man etwa die gräßlichen Ausrottungsbefehle, die im fünften Buch Mose oder im ersten Buch Samuel gegenüber allen anderen Völkern im Namen Jahwes, des Stammesgottes Israels, gegeben werden, oder liest man die Siegesstelen Tiglatpilesers III. für seinen Gott Assur, so darf man sich fragen, wann denn je Religionen und Kulturen etwas anderes waren als Ideologien der Gruppenidentität. Selbst DOSTOJEWSKI vertritt in den *Dämonen* die Auffassung durch den Mund Schatows, daß ein Volk, das seinen eigenen Gott nicht allen anderen Göttern für überlegen halte, sich sogleich in ein ethnographisches Material verwandle. Die militante Intoleranz des Religiösen, im kulturellen Fortschritt der Neuzeit eigentlich als ein Mißverständnis und Mißbrauch der jeweiligen Religion erkannt, wird in Momenten fundamentaler Bedrohung einer bestimmten Gruppenidentität mithin nicht eigentlich hervorgebracht, sondern «nur» wiederentdeckt, «nur» wiederbelebt. Eben deshalb ist es richtig, hier von *Regression* zu sprechen. Unter dem Druck der Angst fällt ein Volk, eine Kultur, eine Religion, eine Staatengemeinschaft um Jahrhunderte und Jahrtausende ihrer eigenen geistigen Entwicklung auf ein längst überwunden geglaubtes Stadium ihrer selbst zurück; sie agiert, grob gesagt, unter den Bedingungen des Atomzeitalters auf dem Niveau der Steinzeit oder des Mittelalters.

Bei all dem haben wir von «Antisemitismus» dem Namen nach noch nicht gesprochen; gleichwohl haben wir uns die Voraussetzungen erarbeitet, um in etwa bereits zu verstehen, mit welch einer generellen Gefahr wir in der Geschichte der Menschheit rechnen müssen: Was da «Rassismus» heißt, bildet nur ein Teilproblem der allgemeineren Möglichkeit, daß bestimmte Unterschiede zwischen menschlichen Gruppen ideologisch zu Gründen absoluter Unmenschlichkeit stilisiert werden. Der Fortschritt der menschlichen Kulturentwicklung, der nach riesigen Zeiträumen der Divergenz und der Differenzierung seit spätestens 400 Jahren unumkehrbar auf Konvergenz und Integration ausgelegt ist, droht dann immer wieder durch gegenläufige, anachronistische Tendenzen blockiert zu werden.

Daß es sich bei dem Problem des «Antisemitismus» nicht um ein rassisches Problem handelt, sondern im angegebenen Sinne um eine Frage der sozialen Identität, zeigt sich zum Teil bereits an dem Fehler des Begriffs. «Semiten» waren die Akkader, die Assyrer, die Babylonier, «Semiten» sind alle Araber – niemand denkt bei dem Wort «Antisemitismus» daran, all diese Völker für «rassisch» «minderwertig» zu erklären. «Antisemitismus» ist im normalen Sprachgebrauch soviel wie «Antijudaismus». Der Haß auf «die» Juden aber konnte sogar im «Dritten Reich» mit einer sehr freundlichen Araberpolitik im Kampf gegen den französischen und englischen Kolonialismus in Nordafrika verbunden sein, und gewiß findet sich heute der schlimmste Antijudaismus unter semitischen Arabern, und zwar nicht aus rassischen, sondern religiös-politischen Gründen, die sich um die Israel-Frage ranken. Wie absurd speziell die «rassistische» Begründung des Antijudaismus in Europa, speziell im nationalsozialistischen Deutschland, war, zeigt allein schon die Tatsache, daß es nach über einem Jahrtausend gemeinsamer biologischer Entwicklung von «Juden» und «Ariern» (ein «rassisch» in sich schon absurder Begriff, der allenfalls sprachgeschichtlich eine gewisse Berechtigung besitzt) durchaus nicht möglich ist, zwischen STEFAN ZWEIG und THOMAS MANN, zwischen FRANZ WERFEL und HERMANN HESSE irgendeinen «rassisch» nennenswerten Unterschied zu finden. Wer erst einmal anfängt, nach den Bildern des Rassentheoretikers LANZ VON LIEBENFELS, die ADOLF HITLER als Junge in den Ostara-Heften zu sehen bekam, die Gesäßform der Menschen daraufhin zu betrachten, ob sie «arisch» oder «nicht-arisch» geformt ist, der wird, verzweifelt, beizeiten feststellen müssen, daß offenbar jede Art der Überernährung dahin tendiert, «nicht-arische» Proportionen hervorzubilden. Was Wunder also, daß HERMANN GÖRING das Problem schließlich mit dem Ausspruch löste: «Wer Jude ist, bestimme ich!» Wenn aber der Antijudaismus, entgegen seiner ideologischen Begründung, durchaus kein rassisches Problem darstellt, worum handelt es sich dann?

Wir haben bereits gehört, wie Gruppen auf die Gefahr ihrer Auflösung *von außen* reagieren; es verbleibt zu beobachten, daß die Reaktionsweisen auf Gefahren *von innen* nicht anders sind. Gruppen bilden sich, sagten wir soeben, indem sie die Aggressionen zwischen den Gruppenmitgliedern nach außen abgeben. Das stimmt, doch müssen wir diesen Satz jetzt ergänzen. Ein beträchtlicher Teil der Aggressionen konzentriert sich innerhalb der Gruppe auf die sogenannten «Omegas». Sie stehen auf der hierarchischen Leiter ganz unten; sie scheinen dazu bestimmt, daß alle anderen auf ihnen herumtrampeln und gerade dadurch sich als «gute» Gruppenmitglieder erweisen; sie sind die «Außenseiter» schlechthin und eben deshalb die «Blitzableiter», die «Sündenböcke» der jeweiligen Gruppe.

Alles spricht dafür, daß es keine menschlichen Gruppenbildungen ohne solche Omegas gibt; es mag sein, daß ein uralter Mechanismus der Selektion einmal bis in jeden Einzelbereich des Zusammenlebens Regeln innerartlicher Ausgrenzung grundgelegt hat; fest steht, daß es selbst in Therapiegruppen nicht möglich ist, ohne solche «Omegas» auszukommen – man kann nur dafür sorgen, daß diejenigen *wechseln*, die jeweils in die Rolle des «Sündenbocks» gedrückt werden oder sich – unbewußt – drängen. – Jeder von Ihnen selber hat da seine Erfahrungen: Auf dem Schulhof konnte die ganze Klassengemeinschaft über einen «Streber», einen «Lehrerliebling» herfallen; dieser war durch seine guten Noten ein Ausgezeichneter, ein Außenseiter, und wenn er gar noch von einem «Pauker» gelobt wurde, den die Klasse im Querschnitt nicht mochte, so galt er gewissermaßen als der Repräsentant des gemeinsamen Feindes mitten in der Klassengemeinschaft, und man fügte ihm stellvertretend all den Haß und die Rache zu, die man eigentlich an dem überlegenen «Feind» selber hätte üben mögen. Dieses Reaktionsmuster ist an sich so vertraut und scheinbar harmlos, daß man nicht darauf kommt, darin die Erklärung für eine der großen Menschheitsgeißeln zu erblicken: der «verdienstvollen» Intoleranz von Gruppen gegen Abweichler, Außenseiter, Niederrangige, – Omegas, die im Fall der Gefahr von vornherein als Fünfte Kolonne, als Verräter, als Speerspitze des Gegners im eigenen Fleisch betrachtet werden. Tatsächlich aber begegnen wir diesem Problem in kleinerem oder größerem Maßstab allerorten, und, noch einmal: es kann in der Form rassischer Konflikte auftreten, wenn gerade eine ethnische Minderheit in die Position der «Omegas» einrückt, doch lassen sich dafür auch ganz andere Gründe geltend machen. So gibt es das Problem von Tamilen und Singalesen auf Ceylon, von Pashtunen und Tadschiken in Afghanistan, von Kurden und Armeniern im Osten der Türkei usw. Es gibt aber auch das religiöse Problem in Nordirland zwischen Protestanten und Katholiken, zwischen sunnitischen und schiitischen Arabern im Südirak, zwischen Muslimen arabischer Herkunft und koptischen Christen in Ägypten oder schwarzhäutigen christlichen Minderheiten im Südsudan. An jeder dieser Stellen versucht sich eine bestimmte Gruppe in ihrer Identität zu stabilisieren, indem sie eine Minderheitengruppe sozial erniedrigt oder sogar physisch vernichtet. Die Geschichte des Judentums im Abendland ist eine endlose Kette von Übergriffen der Herrschenden gegen eine Minderheit, deren Identität wohl auch rassisch, wesentlich mehr aber religiös, kulturell und sozial sich begründete.

Nur in dieser Perspektive scheint eine Reihe von Ungereimtheiten verständlich, die speziell den deutschen Antijudaismus in der Zeit vor und nach 1933 kennzeichnen. Unter der Erschütterung von 1918, nach Abdankung des Kaisers, angesichts seiner wirtschaftlichen Lage sowie der zum Teil chaotischen Zustände der Weimarer Republik befand sich Deutschland in einem gefährlichen Zustand der Desintegration und des Identitätsverlustes, und es reagierte, wie wir es eben gruppendynamisch beschrieben haben: mit dem Selbstverrat der Demokratie an die Diktatur, mit rigoroser Meinungszensur und vor allem: mit der Jagd auf Sündenböcke für den verlorenen Krieg. Da die Niederlage von 1918 unannehmbar für das eigene Selbstbild war, hatte man den Krieg eigentlich gar nicht an der Front verloren, sondern war das Opfer eines heimtückischen Dolchstoßes geworden. Es waren viele Juden selbst im antijudaistischen Kaiserreich als patriotische Helden hoch dekoriert worden; doch auf diese einflußreiche Minderheitengruppe fiel jetzt der Haß, der eigentlich den überlegenen Gegnern galt; ja, die Juden absorbierten den Haß, der auch allen anderen Gruppen zugedacht war: den Freimaurern, dem internationalen Kapital, den Kommunisten, den Humanisten, den Zeugen Jehovas, den Homosexuellen, den Pazifisten – alles, was den rechtsradikalen Nationalisten unter der Hakenkreuzfahne nicht in den Kram paßte, galt da als «jüdisch»; geistige Fragen, soziale Konflikte, psychische Gegebenheiten – sie alle wurden zurückprojiziert auf eine uralte biologische Leinwand: die «rassischen» Unterschiede, die es nicht gab, mit denen man aber das Autostereotyp des «besseren» Deutschen wiederherstellen wollte. Da man nichts mehr besaß, wodurch man als Deutscher «besser» hätte sein können, mußte schließlich das «Deutscher-Sein» selber das Überlegensein begründen. Der «Rassismus» war nicht der Grund, sondern das Produkt einer Intoleranz, eines Kriegs nach innen, der aus der Angst des Identitätsverlustes eines ganzen Volkes geboren wurde. Die Psychopathologie ADOLF HITLERS: seine Minderwertigkeitsgefühle, sein reaktionärer Größenwahn, sein nach außen gerichtetes Haßpotential, sein latenter Wille zum Untergang, der Hang zum Zerstören auf der Flucht vor der Selbstzerstörung – all das verkörperte der Mann, der beschloß, in seiner Verzweiflung «Politiker» zu werden, par excellence, und so taugte er wirklich dazu, ein am Rande des kollektiven Wahns lebendes Volk in das Walhall seines Untergangs zu führen.

2) *Die Bereitschaft zum Antisemitismus als Regression der individuellen Persönlichkeit*

Indessen erklären Begriffe wie «Wahn» oder «Verführung» allein nicht die Wirklichkeit des deutschen Antijudaismus in der Zeit des Holocaust. Immer wieder hat man gemeint, zur Begründung der Perversitäten des Nationalsozialismus auf besondere perverse Triebanomalien schließen zu müssen. Der Männlichkeitswahn der Faschisten – entsprang er nicht einem tief verborgenen sexuellen Minderwertigkeitsgefühl? War das Omnipotenzgehabe nicht die unmittelbare Reaktionsbildung auf schwere Impotenzängste? Lag nicht all dem ein «Kastrationskomplex» zugrunde, der das Volk der Beschneidung zum bevorzugten Haßobjekt erklären *mußte*, weil es bereits durch das Initiationsritual der Religion ABRAHAMS uralte Ängste freisetzte? Manche Beobachtungen der Individualpsychologie HITLERS oder GÖRINGS deuten gewiß in diese Richtung, doch stehen alle Betrachtungen dieser Art in einem grotesken Mißverhältnis zu dem Ausmaß des Problems: der millionenfachen, systematisch organisierten Ermordung von Menschen! Wie ist es möglich, daß ein Diktator von der Pathologie ADOLF HITLERS seinen Judenhaß zu dem politischen Programm der Vernichtung aller Juden Europas erweitert, ohne dabei auf nennenswerten Widerstand zu stoßen? Die Antwort liegt nicht in der Relation von «Alpha» und «Omega», sie liegt nicht einmal in der Korruption der «Betas», die in Philosophen wie MARTIN HEIDEGGER oder in Kirchenleuten wie Kardinal FAULHABER in München oder Kardinal BERTRAM in Breslau ideologische Mitläufer des Faschismus auf Katheder und Kanzel hervorbrachte; sie liegt wesentlich in der Folgsamkeit der «Gammas». Wie wird man zum Mitträger totalitärer «Abraham-Experimente» nach der Art von STANLEY MILGRAMS Versuchen?

Es war HANNAH ARENDT, die in ihrem Buch «Eichmann in Jerusalem» die schreckliche Banalität und Mediokrität des Bösen uns vor Augen gestellt hat. Man mußte diesem Mann bei seiner Vernehmung im Prozeß nur zuhören und verstand mit einem Mal, wie sehr «das» «Böse» im 20. Jahrhundert sich in die Maske des Bürokratischen gekleidet hat: Da wurden nicht Menschen getötet, da verwandelte sich die Menschentötung in ein logistisches, organisatorisches und technisches Problem, dessen «Durchführung» und «Bewältigung» als eine gewissermaßen hervorragende Leistung von hoher Effizienz und optimaler «Zusammenfassung aller vorhandenen Kräfte» zu betrachten war. Man begriff, wenn man EICHMANNS Protokolle las, daß hier die Verwaltungsabstraktion von der menschlichen Realität ineins die Erklärung ebenso wie die Form der «Schoah» darstellte. Vielleicht ist es die schlimmste Form, schuldig zu werden, indem man nichts weiter sein möchte als ein ausführendes Organ, als ein besonders nützliches Rad im Getriebe?

Deutlich entsinne ich mich noch der Schilderung eines heute 69 Jahre alten Mannes. Er war 18 Jahre alt gewesen, als man ihn zum Militär eingezogen hatte; um besonders adrett zu erscheinen, war er zuvor noch eigens zum Friseur gegangen, und diese halbe Stunde wurde für sein ganzes Leben entscheidend: Als er an der Sammelstelle eintraf, war die Gruppe, für die er vorgesehen war, bereits zur Waffen-SS abkommandiert worden; er kam zu spät, er kam «nur» zur Marine, auf ein U-Boot – ein Himmelfahrtskommando damals, nachdem das englische Radar die deutschen Boote bei Tag und bei Nacht, bei jedem Wetter, je nach Belieben, aufspüren konnte. «Da war dieses Jagdfieber, das uns überkam», erzählte er, «wenn wir zum Angriff auf ein ‹feindliches› Schiff ansetzten – wir johlten vor Begeisterung, wenn einer der ‹Aale› ‹gesessen› hatte. Wir dachten nicht an die Hunderte von Menschen, die auf einem Tanker bei lebendigem Leibe verschmorten. ‹Ran an den Feind› – es war schrecklich! Aber so war ich, so waren wir damals. Ich wage nicht zu denken, was aus mir hätte werden können, wenn ich zur SS ‹gezogen› worden wäre!»

Es ist so leicht, die Verbrechen des «Dritten Reiches» moralisch zu ächten, zu verabscheuen und ihnen mit beschwörenden Worten für alle Zukunft abzuschwören. Was aber sind wir für Menschen, wenn unter Umständen die ehrlichsten von uns sich eingestehen müssen, daß sie nicht «besser» gewesen sind als andere, sondern womöglich nur «Glück» gehabt haben? Wenn eine halbe Stunde beim Friseur zwischen «Wehrmacht» und «SS», zwischen «Soldatsein» und «Verbrechersein» in der Wertung rückwärts entscheiden kann?

Nun wird und kann man natürlich sagen, ein 18jähriger – das sei ein «Grenzfall», ein Volljähriger zwar, aber doch noch kein «Erwachsener» im eigentlichen Sinne; doch seit wann wären Selbständigkeit, Verantwortung und Schuldfähigkeit eine quantitative Größe, die sich nach Mond und Sternen ablesen ließe? Das Problem ist nicht, daß «Kinder» für nicht-zurechnungsfähig und «Erwachsene» für «zurechnungsfähig» zu halten wären; das Problem besteht darin, daß viele «Erwachsene» niemals aufhören, große «Kinder» zu bleiben bzw. bei der ersten sich bietenden Gelegenheit wieder dahin zurückstreben, «Kinder» zu sein – Menschen, die nichts weiter wollen, als «geführt» zu werden, «Halt» zu bekommen, gehorsam ihre «Pflicht» zu tun und im übrigen sich eines bescheidenen «Glücks», eines bescheidenen «Wohlstandes», eines bescheidenen «Erfolgs» zu freuen. Die Masse ist kein Philosoph, die Masse ist kein Märtyrer, die Masse ist kein Held. Die Masse ist der eigentliche Grund autoritärer Macht. Wie wird ein Mensch zu dem moralisch Zweideutigsten, was es auf Erden gibt: zu einem ewigen «Kind»?

Das Verfahren dazu ist ganz einfach: Es besteht im wesentlichen in der autoritären Einschüchterung selbst. Um später niemals mehr von der Bindung an eine absolut gesetzte Autorität loszukommen, genügt es, in der frühen Kindheit bereits jeden Ansatz zu einem eigenen Leben durch ein entsprechend autoritäres Vorgehen zu entmutigen. Ein *ewig* autoritär fixiertes

«Kind» ist ein Mensch, dem man als Kind bereits beigebracht hat, daß nur das *Gehorchen*, das heißt das Horchen auf die väterliche oder mütterliche Autorität, imstande ist, schwerwiegende Fehler zu vermeiden. «Alles, was du *selber* willst, was du selber fühlst, was du selber denkst, kann verkehrt sein; nur wenn du einem anderen folgst, vertraust, *gehorchst*, bist du auf dem rechten Weg.»

Was da als individueller Erziehungsstil «gepflegt» werden mag, gewinnt sogleich eine «öffentliche» Relevanz, wenn es auf ein politisches oder weltanschauliches System trifft, das sich in ihm als Ursprung und Ergebnis selbst reproduziert. Der «Führer» als Übervater eines ganzen Volkes – das ist nur möglich, wenn es hinreichend viele Menschen in einem solchen Volke gibt, die in ihrer seelischen Entwicklung über das Gefühl der Hilflosigkeit, Wehrlosigkeit und Ausgeliefertheit eines kleinen Kindes an die Verfügungsgewalt seiner Eltern niemals wirklich hinausgekommen sind. «Nur in der Masse sind wir stark», und: «Nur in der Einheit mit dem Führer sind wir jemand» – das ist die sonderbare Algebra, nach der hier eine beliebige Zahl von Nullen durch eine einzige Ziffer vorneweg zu einem kolossalen Wert anwächst.

«Wer nur den Lehren der katholischen Kirche folgt, der wird am Ende seines Lebens an der Himmelstüre stehen», erklärte vor einer Weile Bischof DYBA von Fulda; – ein harmloser Satz scheinbar, doch welch ein Machtanspruch, welch ein Massendenken, was ein gefährlicher Absolutismus, der eine Institution wie die Kirche mit derartigen göttlichen Garantien umkleidet! Nicht das persönliche Leben des Einzelnen, – die Anpassung des Einzelnen an das Allgemeine gilt da für das in alle Ewigkeit Entscheidende, das Horchen nicht auf sich selbst, sondern auf die gottstellvertretende Behörde, das Vertrauen nicht auf das eigene Urteilsvermögen, sondern in das unfehlbare Lehramt des Papstes. Eine solche Einstellung wird immer noch 900 Millionen Menschen unseres Kulturraumes in unseren Tagen als Frömmigkeit und gottwohlgefällige «Demut» zur Vorschrift auferlegt. Sozialpsychologisch indessen ist sie nicht anders denn als *präfaschistisch* zu bezeichnen.

Dieser Eindruck verstärkt sich sogar noch, wenn wir uns fragen, wie es denn gelingen kann, Menschen den Gebrauch ihrer Intelligenz mit System zu versperren oder abzugewöhnen und den Schritt wieder rückgängig zu machen, den IMMANUEL KANT getan hat, als er «Aufklärung» als die «Herausführung des Menschen aus einer selbstverschuldeten Unmündigkeit» definierte? Die «unaufgeklärte» (Un)Geistigkeit eines Menschen kann «selbstverschuldet» paradoxerweise gerade dadurch sein, daß er sich bestimmten erdrückenden Schuldgefühlen insbesondere im Triebbereich seit Kindertagen gebeugt hat. SIGMUND FREUDS Entdeckung gilt: Man kann das Triebleben eines Menschen nur unterdrücken, wenn man zugleich sein Denken, die mögliche Waffe seiner Befreiung, gegen sich selber richtet. Stets hängen Triebrepression und Aberglauben auf das engste zusammen, und wer die Freiheit des Denkens beschneidet, beschneidet zugleich die Freiheit des Fühlens und umgekehrt.

In diesem Zusammenhang erst zeigt die offensichtliche Sexualpathologie des Faschismus ihre eigentliche Bedeutung. Die Verzweckung der menschlichen Sexualität wesentlich auf den «Akt» der Zeugung möglichst vieler Kinder für den «Führer», die Unterdrückung der Lust und der Offenheit persönlich gelebter Liebe, die Unterdrückung von Malerei, Dichtung und darstellender Kunst bzw. deren Erniedrigung zur reinen Propaganda, die Perversion des Trieblebens, wie INGMAR BERGMAN sie in dem Film *Das Schlangenei* gezeigt hat, all das ist im Grunde nur das Instrument und der Ausdruck der Zerstörung der Persönlichkeit. Wem es gelingt, die natürlichsten Regungen und Empfindungen von Lust, Sehnsucht, Gefühl und Poesie ins Zweideutige, Gefährliche, Anrüchige, ja, Lasterhafte zu rücken, erschafft für jeden

Einzelnen ein Klima ständigen Selbstmißtrauens, Versagens und Schuldigseins; und beginnt erst einmal ein Mensch im Zentrum seines Ichs von sich selbst als verderbt, unberechenbar, chaotisch und niedrig zu denken, wird er sich um so mehr nach *Vergebung* aus den Händen derer sehnen, die in ihrer höchstrichteramtlichen, göttlichen Autorität den Schlüssel zum Himmelreich in Händen tragen; er wird ihre Hände, er wird ihre Füße *küssen*, um sie zu bitten, daß ihm eine *Aufgabe* geschenkt werde, für die er, wie zur büßenden Wiedergutmachung, alles das *aufopfern* und *hingeben* kann, was an ihm doch so häßlich, verwerflich und gemein ist: sein ganzes Ich, seine gesamte eigene Persönlichkeit. Die Triebunterdrückung, das Verbot der Erotik ist nicht nur eine ständige Begleiterscheinung, der ewige Schatten, den GEORGE ORWELLS Großer Bruder über die Menschen wirft, – man weiß, daß einzig die Liebe die Seele eines Menschen bis zum Lyrischen zu ergreifen vermag; nie wagt ein Mensch, sich selber empfindsamer, subjektiver, persönlicher zu leben, als auf den Flügeln des Glücks, das die Liebe schenkt; es gibt kein anderes Mittel zur Entpersönlichung des Menschen, zur Vermassung der Person, zur Grautönung aller Lebensfreude als die Zerstörung der Liebe. Die katholische Sexual- und Opfermoral beweist an dieser Stelle noch heute im Verein mit ihrem «Gehorsamsideal» gegenüber dem unfehlbaren Lehramt des Papstes eine erschreckende Nähe zu den faschistoiden Strukturen der Massenpsychologie.

Es ist freilich nötig, *unterhalb* der Schwelle solcher allgemeinen Zusammenhänge noch einmal auf die individuellen, aus keinerlei Absicht herzuleitenden Tragödien des Lebens achtzuhaben. Wie wird jemand «antijudaistisch» oder «rechtsradikal»? Im Konkreten können die Faktoren weit gebrochener und verwickelter sein, als es im Rahmen einer einlinigen Kausalbetrachtung (Vorbild–Abbild, Erziehung–Ergebnis) der Fall zu sein scheint.

Nehmen wir ein «einfaches» Beispiel.

Ein Junge wird von der Polizei wegen Hakenkreuzschmierereien auf dem Friedhof nach Hause gebracht. Die Mutter ist entsetzt und hilflos, sie weiß nicht, was sie tun soll, niemand eigentlich weiß, was er da tun soll. Denn das Verhalten dieses Jungen liegt eigentlich in der schweren Ehekrise seiner Eltern begründet. Oft, allzuoft hat er als Kind schon erleben müssen, wie der Vater die Mutter seelisch und physisch mißhandelte, und immer wieder hatte er versucht, sich voller Angst an die Mutter zu klammern und sie gegen die väterlichen Aggressionen zu verteidigen. Im Grunde ist er ein sensibler, verängstigter, scheuer, schüchterner junger Mann, der es eigentlich haßt, nach der Art seines Vaters ein Mann zu werden; von einem bestimmten Moment an aber ist ihm die Last seiner Mutter zu schwer: ihre Niedergeschlagenheit, ihre Wehrlosigkeit, die dauernden Schuldgefühle, die sie verbreitet, die ewigen Rücksichtnahmen und Leisetretereien, die völlige Schutzlosigkeit gegenüber seinem Vater – irgendwann schließt er sich einer Gruppe von ledertragenden Skinheads an, und nun beginnt die latente *Bewunderung* der väterlichen Gewalt in einen absurden Männlichkeitskult umzuschlagen. Das bis dahin «Verdrängte» kehrt jetzt als perverses, lustvolles Gehabe zurück; das Erlebnis vor allem, *selber anderen* Angst machen zu können, bereitet ein unerhört erleichterndes, ganz neues Machtgefühl, genährt zudem durch den Gruppenwahn, in Gemeinsamkeit «unverwundbar» und «geschützt» zu sein. – Es ist nur ein kleines Beispiel, aber es gibt Hinweise, daß in der Psychologie ADOLF HITLERS in gewisser Weise vergleichbare Erfahrungen eine große Rolle spielten: Die Vorstellung; das «Volk» «retten» zu müssen, scheint ihren Ursprung in der Beziehung des Kindes zu seiner Mutter zu haben.

Gedanken dieser Art sind gewiß nicht imstande, die Schrecknisse des «Dritten Reiches» zu verstehen, sie erlauben uns aber doch eine erste Formulierung von Haltungen und Einsichten, die uns helfen können, eine Wiederholung des «braunen» Spuks zu erschweren oder gar zu verhindern. Kein Verbrechen läßt sich vermeiden, indem man es verbietet; doch es ist möglich, die Menschen seelisch widerstandsfähig zu machen. Und dazu gehört nach dem Gesagten bereits zweierlei.

Zum ersten: es scheint unerläßlich, eine *Pädagogik* zu pflegen, die den Menschen die Macht von Gruppenprozessen durch eigene Erfahrungen in ihren Vor- und Nachteilen bewußtmachen kann. Die Phrasen der Propaganda, wenn es um die Charakterisierung von «Gegnern» im Äußeren oder Inneren geht, die Mechanismen der Angst bei der Erzeugung zentralistischer Führungsstile, die Verhaltensweisen der Anpassung und der Unterwerfung, die Ausstoßreaktionen gegenüber «Minderheiten» – erst wer das *Typische* solcher Gruppenprozesse kennt, wird relativ immun gegen die Verführungen des Gruppendenkens bleiben.

Und ein zweites, womöglich noch wichtigeres: eine Erziehung zur individuellen Persönlichkeit! Wir werden die Wurzeln des Antisemitismus nur überwinden können, wenn wir sie in uns selbst entdecken; doch dazu müssen wir uns selber kennenlernen, und dazu brauchen wir eine Kultur, die es als Wert betrachtet, das Individuum zu fördern, statt zu unterdrücken. Der amerikanische Verteidiger CLARENCE DARROW sagte einmal: «Wenn wir jedem auch nur die Chance geben würden, glücklich zu sein, brauchten wir doch keine Gefängnisse!» Die Lust, Menschen zu quälen, erwächst wesentlich aus der Verneinung individuellen Glücks; die Anbetung autoritärer Macht erwächst wesentlich aus der Ohnmacht und Angst der individuellen Person; die Bereitschaft, Menschen auf Befehl hin zu töten, erwächst aus dem Mangel an individueller Persönlichkeit. Im Kampf gegen Faschismus und Antisemitismus gibt es psychologisch kein wirksameres Mittel als die «Verführung» des Menschen zu Individualität, Freiheit und Glück.

3) Warum gerade «die» Juden?

Bis hierhin haben wir vom Antisemitismus im Grunde gesprochen, ohne vom Antisemitismus zu sprechen; wir verstehen inzwischen, wie «so etwas» wie Antisemitismus, Rassismus, Ausländerhaß und ähnliches möglich ist; doch *eins* verstehen wir nicht: Warum richten sich Prozesse dieser Art immer wieder auf das Volk der Juden? Es gibt antijudaistische Äußerungen und Handlungen im antiken Persien – das legendäre Buch *Esther* berichtet davon! –, im antiken Rom – TACITUS berichtet historisch davon! –, im «christlichen» Abendland zu allen Zeiten, von den Tagen der «Kirchenväter» über die Judenverfolgungen im Mittelalter, über die «Maranen»tötung im Spanien des Großinquisitors TORQUEMADA bis zu den Greueln des 20. Jahrhunderts. Wer die Kathedrale *Notre Dame* in Paris vom rechten Portal her betritt, sieht dort die große Statue der Synagoge, der «Jungfrau» Israel: Eine Binde umhüllt ihre Augen, und für ihre «Blindheit» ist ihre Krone zu Boden gefallen, ihr Speer ist zerbrochen – man betritt eine der schönsten christlichen Kirchen der Welt buchstäblich nur vorbei an der Schmähung und Schändung des jüdischen Volkes. Zu dieser Geschichte des christlichen Antijudaismus brauchen wir jedoch nicht heute abend Stellung zu nehmen. Es genügt, wenn wir einen «einfacheren», aber wesentlichen Grund benennen, warum immer wieder unter ganz verschiedenen Kulturen und Völkern das Volk der Erwählung in die Rolle des «Omega» gedrängt wurde. Er besteht sozialpsychologisch nicht in dem schon im «Neuen» Testament erhobenen Vorwurf von der Schuld «der» Juden, insbesondere der Pharisäer und der Hohenpriester, an der Hinrichtung des «Gottessohnes», er besteht wesentlich in dem *«Schema Jißrael, adonaj elohenu adonaj ächad»* – in dem: «Höre Israel, der Herr, unser Gott, ist Herr allein.» Es ist dieser *religiöse* Grund, der die gesamte Geistigkeit Israels geprägt hat; hierin allein gründet der Gedanke einer besonderen Erwählung unter den Völkern; hier liegt die spürbare Ausnahmestellung, die Israel innerhalb der Völkerfamilie einnimmt: es markiert geistesgeschichtlich eine absolute Kulturschwelle, an welcher die Naturreligionen, das mythische Denken, der Polytheismus überwunden wurden durch den Glauben an einen einzigen personalen Gott, an eine durch Gesetze geordnete Verantwortung des Menschen in seinem geschichtlichen Handeln und durch die radikale Entgöttlichung der Mächte der Natur. Es war nicht nur, daß dieser «neue» Glaube an eine unsichtbare bilderlose Gottheit in Verbindung mit einer nie geahnten Freiheit des Menschen *Angst* und Unsicherheit auslösen mußte; es war nicht nur die kämpferische Einzigartigkeit des Gottes Israels mit den erschreckenden (in der deuteronomistischen Pentateuchredaktion formulierten) Ausrottungsbefehlen über ganze Völker, die selbst in der Vorstellungswelt des Alten Orients als etwas Besonderes empfunden werden mußten; den chronischen Antijudaismus wird man wohl wirklich nur begreifen können nach dem Modell all der Geschichten, von denen die Anfangsseiten der Bibel voll sind: der Geschichte von Kain und Abel, von Jakob und Esau, von Joseph und seinen Brüdern – immerzu hat man es da zu tun mit den Reaktionen von Konkurrenz und Neid gegenüber dem «Besseren», dem «Erwählten», dem «Bevorzugten». Das Autostereotyp, das religiöse Selbstverständnis, von Gott mit besonderen Rechten zu besonderen Pflichten unter allen Völkern *auserwählt* worden zu sein, hat Israel in der Tat eine Ausnahmestellung unter den Völkern verliehen, die es gewissermaßen in die Rolle des «Musterschülers», des «Lehrerlieblings» in der Schulklasse drängt: Es erntet, statt Dankbarkeit und Anerkennung für den unerhörten Schritt zum monotheistischen Glaubensbekenntnis, eher Spott, Hohn und – Haß.

Hinzu kommt sekundär der Faktor des Unverständnisses und der Fremdheit der «Gastvölker», unter die Israel verstreut war und ist, gegenüber dem Zentrum des Judentums seit der Zerstörung des Zweiten Tempels: gegenüber der Thora. Die Regeln eines eigenen Ritus, eines eigenen Festkalenders, einer eigenen Speiseordnung, einer eigenen religiösen Tradition bildeten die Identität, die innere Klammer, den unverzichtbaren Halt für das Judentum in aller Welt; sie machten es aber auch dafür geeignet, im Status der «Ausnahme» die wahnhafte Furcht vor einer «internationalen Verschwörung» auf sich zu ziehen, die dann mit allen möglichen projektiven Ängsten inhaltlich gefüllt wurde.

Und es gibt daneben einen gewissen «innenpolitischen» Grund: das ist die jüdische Respektlosigkeit gegenüber menschlicher Macht. Die Geschichte der Bibel, wie ABIMELECH König wird (1 Sam 9,7–16), die Geschichte, wie SAMUEL das Volk davor warnt, in seiner Angst vor den Philistern sich einen König zu schaffen «wie alle anderen Völker auch» (!) (1 Sam 8), die Geschichte, wie der Teufel JESUS in der Wüste versucht, indem er ihm alle Königreiche der Welt zu Füßen legt, wenn er nur niederfällt und ihn anbetet (Mt 4,8–9) – das alles verrät eine Entgöttlichung auch aller Menschenmacht in einer Form, daß es jedem Versuch totalitärer Machtausübung diametral im Weg stehen muß und notwendig den Blitzstrahl jeder Diktatur auf sich lenken wird.

Wer freilich diese *Gründe* erkennt, die Israel immer wieder in die Rolle des *Sündenbocks* gedrängt und zum Träger all der negativen Projektionen aus dem Material der eigenen unverarbeiteten Konflikte des Unbewußten bestellt haben, der kann eigentlich nur zwei Wege vorschlagen, die uns helfen können, mit psychologischen Mitteln den Antijudaismus zu überwinden: Der *eine* Weg besteht in der Preisgabe religiöser Exklusivitäts- und dogmatischer Absolutheitsansprüche; der Jude ELIE WIESEL hat ihn so formuliert: «Kein Volk ist besser, kein Volk ist schlechter als ein anderes. Keine Nation ist heiliger als eine andere. Keine Religion ist der Wahrheit oder Gott, der Quelle der Wahrheit, näher als eine andere. Kein Individuum ist reiner als sein oder ihr Nachbar. Rassismus ist Sünde und ethnische Diskriminierung eine Schande. Religiöser Fanatismus führt zu Haß und nicht zur Rettung, politischer Extremismus schafft Feindseligkeit und nicht Sicherheit.» (*Den Frieden feiern*, Freiburg 1991, S. 136) Man kann auch sagen: Die einzig wahre Form der Gottesverehrung, die einzige Absolutheit des Religiösen besteht in der Menschlichkeit, und es ist das jüdische Bekenntnis zu einem einzigen Gott als dem Schöpfer *aller* Menschen, der uns nötigt und hilft, den Glauben an eine einzige Menschengemeinschaft von Schwestern und Brüdern nicht aufzugeben.

Der *andere* Weg besteht darin, die heilige Unverschämtheit des Jüdischen gegenüber jeder menschlichen Machtanmaßung nicht länger zu fürchten, sondern aufzunehmen und anzunehmen. Das für mich als einen Deutschen erschütterndste Beispiel bot hier der Jude JEHUDI MENUHIN. Als 1945 Deutschland in den Trümmern des Faschismus untergegangen war und man unter den «Siegermächten» den Morgenthau-Plan diskutierte (eine Entindustrialisierung Deutschlands, seine Zurückführung auf einen reinen Agrarstaat – der Marshall-Plan, wohlgemerkt, ergab sich eher aus strategischen Gründen gegenüber dem Bolschewismus), – da war es ein jüdischer Geiger, der beschloß, in dem zerbombten Berlin ein Konzert zu geben, weil er sich sagte, die Not der Menschen sei jetzt auf Erden in diesem Nachkriegsdeutschland am größten, und es sei doch nicht möglich, daß dieses Volk sein Geschenk an die Menschheit habe gänzlich vergessen können, man müßte ihm MOZART, man müßte ihm BEETHOVEN wiederbringen! Was für ein Jude! Was für ein Mensch!

PS: Die derzeitige Situation des «Antisemitismus» in Deutschland kennzeichnet wohl am eindrücklichsten die folgende Begebenheit. Im April 1994 wurde die jüdische Synagoge in Lübeck in Brand gesteckt. «Jüdische Synagogen brennen wieder in Deutschland» – alle Politiker, alle Medien waren verständlicherweise entsetzt; ein deutsches Trauma war wiedererwacht. Doch zur gleichen Zeit, ungerührt, nur wenig behindert von kleinen Menschenrechtsgruppen, beginnt Innenminister KANTHER mit der Abschiebung von Hunderten von Kurden, die in der Türkei mit lebenslänglicher Haft oder mit der Todesstrafe rechnen müssen. In Lübeck sollen etwa 15 Juden leben; das Volk der Kurden, das im Iran, Irak und in der Osttürkei systematisch unterdrückt wird – in Ostanatolien zum Teil mit deutschen Waffen –, umfaßt ca. 12–16 Millionen Menschen.

Predigt zum zweiten Weihnachtstag, 26. Dezember 1990

Herodes in uns

Wer noch irgendwelche Zweifel an der wahren Natur der Weihnachtsgeschichten hat, wird sie an dieser Stelle verlieren. Es sind Texte, deren Wahrheit nicht auf der Ebene der historischen Wirklichkeit, der normalen Welt der Fakten liegt, die uns vertraut ist; wir haben es vielmehr ganz und gar mit der Sprache von Legenden zu tun. Und so ist die Frage: Welche Wahrheit wohnt in diesen Geschichten? Kann man den wahren König Israels nur finden, indem man des Nachts unbeirrt, wie hypnotisch angezogen, einem Stern folgt und damit heilige, magische Kunde erfüllt? Hören wir den biblischen Text nur bis zu dieser Stelle, dann scheint sich noch alles zu fügen, und wir nehmen kaum etwas von einer Differenz zwischen Traum und Realität wahr. Da ist der König in Jerusalem behilflich, damit die Sterndeuter ihren Weg nach Bethlehem finden, und zwischen Priesterweisheit und Schriftgelehrtentum, dem Machtinteresse eines Königs und der verborgenen Botschaft des Messias webt es sich zusammen wie ein harmonisches Bild. Wir wissen es besser. Wir kennen den Ausgang der Geschichte: Während die Magier hingehen, um anzubeten, formieren sich im Hintergrund der Bühne bereits die Reiterscharen des Königs, die ausschwärmen werden, um zu töten.

Warum muß das immer so sein, und was ist es mit der Wahrheit der Weihnacht?

Alle echten wichtigen Fragen an uns Menschen sind zeitlos. Es gibt ein Problem in unserem Leben, das nicht endet und das sich in die Frage kleiden läßt: Wie wirklich und wahr sind unsere

Träume, unsere Hoffnungen, unsere stärksten Empfindungen? Wir wissen die Antwort: Sie sind so wirklich und wahr, wie wir sie machen.

Wenn es darum geht, einem Stern zu folgen, stellt sich dies in einem Bild von Romantik und Schönheit dar. Aber gleich am Wege stehen die Leute, die sagen: «Es ist nur Romantik und Schönheit, und darum gilt es nicht wirklich. Die wirkliche Welt ist nicht romantisch und schön, sie ist vernünftig und also auch grausam, wenn nötig. Warum sollten wir Menschen weniger grausam sein als die Natur?»

Wie also fügt sich in diese Menschenwelt die weihnachtliche Botschaft von Frieden und Güte und Menschlichkeit? Wir möchten daran glauben – aber wie überwinden wir die Widerstände?

Ich stehe nicht an, zu denken, daß diese Geschichte am Hofe des Königs HERODES sich bis in unsere Tage hinein wiederholt. Da sitzt auf dem Thron der Macht ein Herrscher, der sich augenblicklich bedroht fühlen muß, wenn es irgendwo, außerhalb seiner Kontrolle, ein Königtum des Herzens geben sollte. Er wird die Religion einladen, daß sie ihm erkläre, was die Religion zu sagen hat und wie man jenes andere Königtum vernichtet. Und beide arbeiten fleißig ineinander.

JESUS VON NAZARETH wird später klipp und klar sagen: «Ihr könnt nicht Gott dienen und dem Mammon.» Da steht es auf Entweder – Oder. Folgen wir aber dem Nachrichtenteil unserer Zeitungen am Ende des Jahres 1990, dann ist uns ganz klar, daß wir Gott *und* dem Geld in eins dienen müssen und daß Idealismus und Geschäft sich auf das beste paaren. Ich habe noch nie erlebt, daß eine Menschheit so bewußt und absichtlich auf einen Krieg zusteuerte wie in diesen Wochen. Fast dreißig zumeist demokratisch gewählte Regierungen im Geleitzug der westlichen Führungsmacht wollen den Krieg, nehmen ihn in Kauf und tun das für erhabene Ziele: Es geht um Recht, Gerechtigkeit und Menschlichkeit, es geht um die Revision einer völkerrechtswidrigen Aggression – das ist das Göttliche, das Ideale, und es fügt sich ganz vorzüglich, daß wir bei all den Worten gleichzeitig genau wissen: Es geht um sehr viel Geld, es geht um Erdöl, um Einfluß, um die Verteilung des Rests der Welt nach dem Zusammenbruch des sowjetischen Imperiums. Und Gott und Geld, beides zusammen, ist eigentlich, was wir den American way of life nennen: Je mehr Geld und je mehr Reichtum, desto größer der Segen Gottes, gut calvinisch und politisch sehr vernünftig. Ein heiliger Kreuzzug und gleich daneben die eigenen Interessen – wer diese Synthese schafft, ist ein wirklich vernünftiger Mensch.

Wenn es gälte, in der Region des Nahen Ostens Idealismus zu leben und durchzusetzen, dann hätten in den letzten dreißig, vierzig Jahren bei der Lösung der Palästinenserfrage wunderbare Gelegenheiten dazu bestanden. 1,5 Millionen Flüchtlinge sitzen seit über dreißig Jahren in den Refugee-Camps. Das Geld, das die Bundesregierung in den letzten Monaten für den Aufmarsch am Golf bereitgestellt hat, hätte sie für die Schaffung menschenwürdiger Unterkünfte einsetzen können. Es war dreißig Jahre lang nicht aufzutreiben. Der Krieg, den Türken, Perser, Iraker gegen die Kurden führten, hat uns im Westen nie interessiert, die Auslöschung der Armenier war uns gleichgültig, die Vernichtung der Bevölkerung in der südlichen Golfregion durch die Zentralregierung des Irak ist uns völlig unbekannt – aber sobald unsere eigenen Geldinteressen und Machtfragen im Spiel sind, werden wir mutig und klar. Da bitten wir sogar die besten Begriffe, die heiligsten Worte, die köstlichsten Überlieferungen des Christentums herbei und lassen uns genau erklären, wie wir den König umbringen, der gerade geboren wurde. Es ist eine bittere Welt, in der wir leben. Am schlimmsten aber ist, daß wir im Raum des Göttlichen so wenig Mut zum Widerstand haben. An Heiligabend fordern die Bischöfe in Weltverantwortung auf, daß wir um den Frieden beten. Es ist ein ohnmächtiges Gerede. Alle Worte sind richtig, aber sie bewirken nichts; sie *sollen* überhaupt nichts bewirken. Sie sind lediglich das Alibi, damit wir hinterher sagen können: «Wir waren ja immer schon dagegen, es ist bedauerlich, es tut uns wirklich leid.»

Sie mögen sagen: «Was wir hier reden und bedenken und mit Weihnachten machen, interessiert draußen niemanden.» Das stimmt. Aber warum korrumpiert immer wieder die Macht? Warum können nur die Ohnmächtigen zu ein bißchen Menschlichkeit fähig sein, und sobald sie Verantwortung haben, ist es damit zu Ende in dieser Welt? Dann funktionieren ihre Köpfe anders. Nichts von dem, was sie gelernt haben, gilt mehr, oder aber es wird zur Lüge verformt. Und dann wird es zielgenau. Dann wird es heißen: «Erklärt mir die Sache, damit auch ich hingehe, um anzubeten.» Und man wird beim Händefalten erwürgen, was man vor sich hat, so daß die Magier werden fliehen müssen, belehrt durch einen heiligen Traum, nach Hause zurück, fort aus Bethlehem. Und das neugeborene Kind wird in die andere Richtung fliehen, fort aus Bethlehem ins Heidenland, dorthin, wo man von Gott nie gehört hat. Vielleicht beginnt dort, mit gebrochener Zunge, irgend etwas Wahres. Die Sprache der offiziellen Religion aber ist wie leergesagt und hat ausgedient.

Was sich da draußen begibt und was in den Zeitungen steht, geschieht auch in uns selber, nicht mehr und nicht weniger. Wir ahnen, wer wir sein könnten, und es gibt in unserem Herzen wunderbare Botschaften, was unser Glück ist und woraufhin wir unterwegs sind. Im individuellen Leben hindern uns vermutlich nicht so sehr Geld und Macht und großer Einfluß; was uns zwischen Traum und Tag einsperrt, ist vielmehr das Gefühl der Angst. Wir trauen uns nicht recht. Wir tragen den König HERODES allesamt in uns. Wir fürchten, die Kontrolle über uns zu verlieren und uns selber zu entgleiten, wenn wir der Faszination des Glücks einfach Folge leisten wollten. Riecht es nicht immer wieder nach Mangel an Durchsetzungswillen oder nach Verrat an der Tüchtigkeit oder wie ein Verfall der Sitte, des Charakters, wenn wir einfach nur Menschen sein wollen? Was ist überhaupt wirklich von Gott in uns und nicht einfach nur eine Versuchung? Was soll wirklich gelten und ist nicht bloße Schwärmerei?

Manchmal können wir von den Tieren lernen, wie wir leben sollten. In den Sommermonaten der Antarktis brüten die Pinguine bei minus 30 Grad in der Falte ihres Körpers ihre Eier aus. Mehr als 50 Prozent des Geleges kommen um, aber immer noch hinlänglich viele Jungvögel werden schlüpfen. Die Alten werden alles tun, um sie großzuziehen, und sie müssen sehr schnell wachsen. Nach weniger als einem Monat müssen sie sich selbst versorgen können, und wenn der Zeitpunkt kommt, hören die Altvögel abrupt auf, die Jungen zu ernähren. Sie haben Hunger, und ein innerer Instinkt sagt ihnen, daß sie ihre Nahrung nur finden können, wenn sie sich hinaustrauen auf die Weite des Meeres. Die Brandung ist stark, die Kanten des Eises sind steil, viele der jungen Pinguine, die sich in das Wasser werfen, kommen dabei um, aber ein innerer Instinkt sagt den Tieren, daß sie das Leben nur finden können auf dem Weg gegen die Angst. Immer wieder sieht man eine große Zahl der jungen Vögel zurückfliehen, hilflos nach ihren Elterntieren rufen, aber die sind weit weg, und der Weg führt nur nach vorn. Am Ende bleibt den Vögeln nichts anderes übrig, als das Meer zu bestehen, das sie nicht kannten, und diese Tiere, denen man nie gezeigt hat, was Schwimmen ist, breiten ihre stummelartigen Flügel und vertrauen sich dem Wasser an, um das Leben zu lernen.

Wenn die Pinguine denken könnten, schiene ihnen ihr Weihnachten tausend Meilen weit von ihrem Geburtsort entfernt. Sie hätten es nie gesehen, und der Weg voll drohender Gefahren wäre ihnen fast unzumutbar schwer. Aber wenn die Pinguine denken könnten, würden sie sich nach Gott richten, und er würde in ihnen sprechen mit der Stimme ihres Hungers, in der Triebkraft ihrer Sehnsucht, in dem Drang ihres Leben: «Wagt euch ins Meer! Laßt das Land, wo ihr nicht leben könnt, zurück! Vertraut euch selbst und der stärksten Stimme, die euch leitet, ihr werdet ankommen!» Die ganze Kunst der Weihnacht ist für uns Menschen, daß wir aufhören, im Zuchtkreis der Angst törichter zu sein als die Pinguine.

Legenden sind wahr, die Botschaft unseres Herzens ist richtig, und es gibt all das, worauf wir vertrauen, in der Wirklichkeit, wenn wir's wirklich tun. Amen.

Predigt zum ersten Sonntag im Jahreskreis, 12. Januar 1991

Sagt NEIN!

Am heutigen Abend sollen wir die heilige Messe feiern wie gewohnt, eine Messe aus dem Weihnachtsfestkreis. Wir haben die Botschaft von Weihnachten, vom Frieden auf Erden in den Ohren, aber es ist kein Friede auf Erden. Wir tragen in uns die Überzeugung, daß Gott diese Welt erlöst habe, aber wie soll diese Welt als erlöst gelten, wenn in ihr Krieg und Mordbereitschaft Maßstab und Willen des politischen Handelns bilden?

Die Bischöfe fordern uns auf, in Abänderung des Programms zu beten. Sie sagen uns:

«Die Krise in der Golfregion spitzt sich dramatisch zu. Wir begrüßen jede politische und diplomatische Initiative, um eine bewaffnete Auseinandersetzung zu verhüten und ein Gespräch zwischen dem Irak und den USA zu ermöglichen. Darum möchten wir auch alle politisch Verantwortlichen ermutigen, jede nur denkbare Chance der Verhinderung eines bewaffneten Konfliktes wahrzunehmen. Wir spüren aber auch die Grenzen des Erreichbaren. Was wir von uns aus für den Frieden zu leisten vermögen, ist für sich allein genommen oft gering und hilflos. Zum christlichen Dienst am Frieden gehört wesentlich das Gebet. Schon immer hatte das tägliche Gebet um Frieden seinen zentralen Platz im Leben des einzelnen Christen und im Leben der Gemeinde. Im Gebet ist die spirituelle und ethische Kraft jeder Erneuerung verborgen, die die Welt braucht, um entscheidende Schritte zum Frieden zu tun.»

Ich sage heute: Hört auf, für den Frieden zu beten! Gott erhört keine Gebete für den Frieden, nicht zweitausend Jahre nach der

Ankunft seines eigenen Sohnes! Gott hat nie Kriege verhindert, und er wird nie Kriege verhindern. Es hat deren Tausende gegeben in der Geschichte. Und wie sollte sie Gott auch verhindern? Wir mißverstehen ihn gründlich. Die Grundlagen des Krieges sind vor 260 Millionen Jahren in den Schädeln von Dinosauriern und Echsen gelegt worden. Dieselben Mechanismen tragen wir noch heute in uns. Jene Tiere hatten begriffen, daß man um Weib-chen Konkurrenzkämpfe führen muß, daß man zum Schutz von Weibchen und Kindern Territorien beanspruchen muß, daß man den Gegner einschüchtern muß, indem man Schaum vor dem Mund trägt und indem man notfalls kämpft. Das alles hatte Sinn und Verstand, und das hat Gott bei den Echsen, bei den Dinosauriern gewollt. Sie sind vor 65 Millionen Jahren gestorben, leben aber fort in den Vögeln; dort kann man sehen, daß ein kleiner Star, eine kleine Amsel sehr wohl imstande ist, seine Jungen zu schützen.

Seit 5 Millionen Jahren haben wir den Neokortex. Gott hat unser Gehirn bestimmt, nachzudenken. Was er sicher nicht gewollt hat, ist, daß wir das Denken dazu verwenden, tierischer und viehischer als jedes Tier, grausamer als jede Bestie zu werden. Er hat gemeint, wenn wir anfingen zu denken, könnten wir begreifen, daß Menschen überall auf der Welt empfindsame Knochen, empfindsame Nerven haben, schutzbedürftige Wesen sind. Was er nicht gewollt hat, ist dieser Rückgriff auf Tierprogramme zu ideologischen Zwecken der Kriegführung.

Weil wir's offensichtlich nicht begreifen konnten, hat er vor zweitausend Jahren sich mit dem Mann aus Nazareth identifiziert, der selbst im Angesicht seines eigenen Todes sagen konnte: «Hört auf, das Böse überwinden zu wollen durch das Böse. Bekämpft nicht ewig die eine Hölle, indem ihr die andere öffnet. Setzt die Kraft der Liebe gegen alles, was zerstört; sie ist das einzig Konstruktive». – Wenn irgend das Christentum einen Wert hat, liegt er in der Aufforderung, so zu leben und zu handeln.

Darum kann man nur sagen: So billig kommen die Bischöfe in Deutschland, so leicht kommen wir Angehörigen der großen christlichen Kirchen nicht davon – nicht mit «Gebet». Es ist geheuchelt und verlogen, und es beleidigt Gott. Was wir sagen müssen, öffentlich längst hätten sagen, von allen Kanzeln hätten rufen müssen, ist, daß es keinen erlaubten Krieg mehr gibt, weil Krieg das größte, konzentrierteste, systematischste Verbrechen darstellt, das Menschen gegen Menschen verüben können, und daß er mit allen Mitteln zu vermeiden ist.

Ich habe in den 25 Jahren, in denen ich Priester bin, nie eine politische Rede gehalten, und auch dies wird keine politische Predigt. Aber was ist der Pakt heute, wenige Tage vor dem möglichen Ausbruch eines Krieges, in den wir wie mit Absicht hineinsteuern? «Wer nicht schießen will, muß reden», sagt der deutsche Außenminister HANS-DIETRICH GENSCHER. Es ist genau das Gegenteil dessen, was die amerikanische Führung seit fünf Monaten tut: kein Gespräch, kein Kompromiß, kein Nachgeben, es wäre das «falsche Signal». Darum erklärt der amerikanische Verteidigungsminister RICHARD CHENEY: «Wenn dies ein Krieg wird, dann wird er geführt bis zum endgültigen Sieg.»

Ich höre, daß in den Vereinigten Staaten 63 Prozent der Bevölkerung dafür sind, am 15. Januar dieses Jahres den Krieg zu eröffnen, wenn Kuwait bis dahin nicht vom Irak geräumt ist. Wenn freilich mehr als tausend amerikanische GIs bei diesem Krieg ums Leben kämen, würde sich die Zustimmung der amerikanischen Bevölkerung auf etwa 44 Prozent reduzieren. Sollten möglicherweise mehr als zehntausend amerikanische Soldaten sterben müssen, wären nur noch 35 Prozent der Bevölkerung für einen Krieg. Was denkt man sich eigentlich bei solchen Umfragen, die in der Bundesrepublik vermutlich ganz so ähnlich ausfallen würden? Ist denn ein Krieg das, was wir uns in den Kinos anschauen, wenn wir «Platoon» oder «Apocalypse now» sehen, wohl wissend, daß am Ende all die Leute, die da krepiert sind, aus der Maske kommen und sich champagnerselig in die Arme fallen?

Wenn nur tausend amerikanische GIs – dann *für* den Krieg? Sind denn die Menschen jenseits der eigenen Gruppenzugehörigkeit keine Menschen? Haben wir aus dem Zweiten Weltkrieg von ADOLF HITLER lediglich gelernt, daß man ihn wieder nur mit ADOLF HITLER bekämpfen kann? Und hat der Mann nach fünfzig Jahren noch die Macht, uns das Diktat der Moral im 20. Jahrhundert zu geben? Wenn man gegen fünfhundert- bis sechshunderttausend irakische Soldaten einen Krieg führt, der nicht mehr als tausend amerikanische Soldaten das Leben kosten soll, dann muß man ihn führen wie die Angriffe auf Hamburg, Dresden und Köln im Zweiten Weltkrieg: mindestens zweitausend Bomber gegen eine einzige Stadt. Das kann man heute leichter haben. Man kann die B-52 in 15 Kilometer Höhe parken und herabregnen lassen, was man in den letzten dreißig Jahren erfunden hat: Splitterbomben, Druckbomben, die im Umkreis von 3 Kilometern jeden Menschen zerfetzen, Dumdumgeschosse, Napalm, Flächenbrände, die nach 24 Stunden, wenn man sie braucht, zu lodern beginnen. Und das ist erst das, was wir den gewöhnlichen Krieg nennen. Auf beiden Seiten stehen Waffen bereit, die Menschen vergasen und verätzen bis in die Lunge hinein, ihnen mit Bakterien und Viren in aller Sicherheit den Tod bereiten. Und sollte das noch nicht genügen, haben die Amerikaner am Golf 400 Atombomben zusammengezogen. Das ist ein endgültiger Sieg, wenn man am Ende nicht einmal mehr zu zählen weiß: wie viele hunderttausend Tote?!

Die katholische Lehre hat Jahrhunderte gebraucht, die Regeln eines «gerechten» Kriegs, wenn es ihn denn je gab oder geben sollte, zu definieren. Dazu zählt, was für die Haager Landkriegsordnung und die Völkerrechtskonventionen eine Selbstverständlichkeit ist: eine Trennung zwischen Kriegführenden und Nichtkriegführenden; wenn schon, sollte der Krieg zwischen den

Soldaten an der Front geführt werden. Aber es ist eine wahnsinnige Illusion, zu glauben, so etwas sei möglich in einem modernen Krieg. Was immer im Irak passieren wird, es werden mindestens drei- oder viermal so viele Zivilisten umkommen wie Soldaten an der Front. Die Hälfte von ihnen werden Kinder sein, errechnen die «Ärzte gegen den Atomtod». Darf man dann sagen: Wenn nur tausend GIs, dann draufhalten, dann Rambo an die Front? Sind hunderttausend arabische Frauen und Kinder keine Menschen? Ist uns das egal, und sind wir so steinzeitlich, eine Moral aufzumachen, die immer nur für uns gilt? KONRAD LORENZ meinte einmal sehr richtig: Die Menschen sind gar nicht so schlecht, vorausgesetzt, daß sie nur zu zehn oder zwölf Leuten zusammen sind. Sobald es Hunderte oder Tausende werden, verlieren sie den Überblick, sie handeln immer noch so egoistisch wie für ihre eigene kleine Gruppe, aber mit einem Mal schlägt es zurück auf ihre eigene kleine Gruppe. Gott hat uns den Verstand gegeben, damit wir Menschlichkeit *prinzipiell* denken, gültig für *jeden* Menschen. Selbst wenn uns Jesus das nicht gesagt hätte – bereits die römische stoische Ethik hundert Jahre vor Christus hat diese Lehren entwickelt, einfach weil sie aus den Prinzipien der Vernunft folgen. Die *Bill of Rights* ist nicht für amerikanische Bürger allein gemacht, sie gilt für alle oder keinen. Das heißt, Mensch zu sein. Also sollten wir nicht Gott in den Ohren liegen und ihn bitten, etwas zu tun, das wir gottverdammtermaßen endlich selber tun sollten: den Krieg zu ächten.

Ich höre sagen: «Aber der Krieg ist längst von SADDAM HUSSEIN begonnen. Lies doch nach bei CLAUSEWITZ: Der Aggressor ist immer friedfertig; er hofft stets, daß sich niemand ihm in den Weg stellt und er die Prämie seiner Beute in Frieden genießen kann. Fordert man nicht die Willkür der Sadisten geradezu heraus, wenn man sie nicht hindert?»

Die Eroberung von Kuwait war ein Verbrechen, selbst wenn man in Rechnung stellt, was die deutschen Zeitungen *nicht* berichten, daß es eine klare Grenzziehung im Nahen Osten erst als Folge der Kolonialpolitik nach dem Ersten Weltkrieg gibt, daß dort überhaupt keine gewachsenen, natürlichen Grenzen existieren und daß Kuwait nie etwas anderes war als ein Erdölgebiet im Dienst der westlichen Erdölausbeutung. Aber *darf* man ein Verbrechen beantworten, indem man es durch ein viel größeres Verbrechen maximiert? Das ist der Preis, vor dem wir stehen. Und warum haben wir nicht Geduld, warum nicht einfach warten? Eine Wirtschaftssanktion – sie kann acht Monate, fünfzehn Monate, zwanzig Monate dauern – warum denn nicht? Warum jetzt Krieg? GEORGE BUSH ist der «Mann des Jahres» in den Vereinigten Staaten. Er könnte ein großer Präsident sein, wenn er den Mut hätte, Aggression und Gewalt mit Prinzipien zu beantworten, die wir als Christen verkündigen und leben sollten. Womöglich hat es in diesem verruchten Jahrhundert nur einen einzigen Politiker gegeben, der im Sinn der Bergpredigt wirklich ein großer Mann war. MAHATMA GANDHI konnte sagen: «Das Christentum hat in Europa niemals existiert, sonst hätte es dort nicht immer wieder die schlimmsten Kriege gegeben.» Er konnte sich weigern, militärische Ehren entgegenzunehmen, wenn er ein fremdes Land besuchte, er konnte barfuß und im Lendenschurz ins Parlament gehen, weil er dachte: «Sobald wir reich sind, brauchen wir ein Militär, um uns zu verteidigen.» MAHATMA GANDHI hätte sich gedacht, daß wir mit den 60 Milliarden Mark, die für die Aufrüstung und den Aufmarsch am Golf aufgewendet werden, längst etwas Besseres hätten tun können, etwas, das die Gewalt Lügen straft. Wie wäre es, wir hielten die 60 Milliarden Mark als Starthilfe für die Palästinenser bereit und könnten ein Zeichen setzen zur Befriedung einer ganzen Region? Wir könnten die Welt überschütten mit der Wohltat von 60 Milliarden Mark! Aber wir haben sie für nichts anderes als für den Terror des Krieges.

Man muß die Phrasen beieinander lassen und als Phrasen

erkennen. Da geht es um die Demokratie, um die Menschenrechte, um die Verteidigung der Freiheit, um die gewachsene Ordnung in Kuwait, um die Rückkehr des Regimes der Emire – es geht um großartige Worte! Worum es in den Reden nicht geht, ist Geld, Macht und Öl. Aber genau darum geht es in der *Wirklichkeit.* Zwei Billionen Dollar Schulden hat der amerikanische Staat. Seine Militärmaschinerie wird gerade zur Hälfte von den Saudis bezahlt. Die Rüstungsindustrie wäre bankrott, wenn wirkliche Entspannung herrschte, die Lockheed-Werke stünden vor dem Ruin. Jetzt aber brauchen wir Waffen wie noch nie. Wir beginnen soeben den großen Kampf gegen die Dritte Welt um die Ressourcen.

Sollen wir da wirklich Gott um Frieden bitten? Wenn Gott ein Wort in dieser Zeit spräche, dann dieses: «Verschwindet aus meinen Kirchen! Geht, wenn ihr um den Frieden beten wollt, zu den Banken – da kniet nieder und betet vor eurem Gott! Er ist euch Tausende von Menschen wert, Millionen von Verhungernden. Betet zu dem einzigen Götzen, an den ihr glaubt, das Geld, da kniet nieder und spuckt eure Lügen, aber nicht in meinen Kirchen. Dahin gehört ihr nicht, wenn ihr um den Frieden beten wollt! Es gibt ihn nicht, außer unter Einsatz der Freiheit und der Menschlichkeit und der Ehrlichkeit. Anders erscheint nicht vor meinem Angesicht!»

Dies wäre die Pflicht der katholischen Kirche, weltweit, in den Vereinigten Staaten, in Deutschland, in Frankreich, überall, wo Christen katholischen Namens sind: den Krieg zu ächten im Jahre 1991 und ihn endgültig als eine Möglichkeit des politischen Handelns auszuschließen. Verhandeln, Reden und internationaler polizeilicher Druck, in diesem Maßstab mag Militär Notwendigkeit besitzen, darüber hinaus hat es keine Funktion mehr.

Dieses 20. Jahrhundert sollte man abblasen wegen Tollheit, Anmaßung und Unverfrorenheit und darauf hoffen, daß eine Generation heranwächst, die, wenn sie die Bilder vom Schatt-el-

Arab im Krieg zwischen Irak und Iran sieht, das Kotzen kriegt und den Fernsehapparat abschaltet, eine Generation, die den Wehrdienst verweigert, weil er immer wieder nur in die alten Bahnen der Gewalt führt.

Ich stehe nicht an, zu sagen: Das einzige Gebet, das Gott in diesen Tagen hören wird, stammt von einem Mann, der, lungenkrank, wenig nach dem Zweiten Weltkrieg in einem Basler Spital starb. Es war ein Vermächtnis an die Menschheit, als WOLFGANG BORCHERT schrieb:

«Du. Mann an der Maschine und Mann in der Werkstatt. Wenn sie dir morgen befehlen, du sollst keine Wasserrohre und keine Kochtöpfe mehr machen – sondern Stahlhelme und Maschinengewehre, dann gibt es nur eins:

Sag NEIN! …

Du. Forscher im Laboratorium. Wenn sie dir morgen befehlen, du sollst einen neuen Tod erfinden gegen das alte Leben, dann gibt es nur eins:

Sag NEIN! …

Du. Pfarrer auf der Kanzel. Wenn sie dir morgen befehlen, du sollst den Mord segnen und den Krieg heiligsprechen, dann gibt es nur eins:

Sag NEIN! …

Du. Mutter in der Normandie und Mutter in der Ukraine … – Mütter in allen Erdteilen, Mütter in der Welt, wenn sie morgen befehlen, ihr sollt Kinder gebären, Krankenschwestern für Kriegslazarette und neue Soldaten für neue Schlachten, Mütter in der Welt, dann gibt es nur eins:

Sagt NEIN! Mütter, sagt NEIN!

Denn wenn ihr nicht NEIN sagt, wenn IHR nicht nein sagt, Mütter, dann: …

dann wird der letzte Mensch, mit zerfetzten Gedärmen und verpesteter Lunge, antwortlos und einsam unter der giftig glühenden Sonne und unter wankenden Gestirnen umherirren, einsam zwischen den unübersehbaren Massengräbern und den kalten Götzen der gigantischen betonklotzigen verödeten Städte, der letzte Mensch, dürr, wahnsinnig, lästernd, klagend – und seine furchtbare Klage: WARUM? wird ungehört in der Steppe verrinnen, durch die geborstenen Ruinen wehen, versickern im Schutt der Kirchen, gegen Hochbunker klatschen, in Blutlachen fallen, ungehört, antwortlos, letzter Tierschrei des letzten Tieres Mensch – all dieses wird eintreffen, morgen, morgen vielleicht,

vielleicht heute nacht schon, vielleicht heute nacht, wenn – wenn – wenn ihr nicht NEIN sagt.»

Es gibt ein gottwidriges Tun auf dieser Welt, das ist, einen Krieg so mutwillig zu beginnen, wie er in diesen Tagen zu beginnen droht. Alles, was wir in dieser Kirche tun, ist geheuchelt und gelogen, wenn es am 15. Januar dahin kommt. Es ist aber so, daß wir Zeugen dessen waren, wie es dazu kam.

In den Vereinigten Staaten gibt es ein Spiel für Jugendliche. Der eine setzt sich in dieses Auto und der andere in ein anderes. Dann fährt man in rasendem Tempo frontal aufeinander zu, und ein Feigling ist, wer zuerst ausweicht. *Chicken driving* nennt sich das. Dies ist die Art der Politik, die wir heute erleben. Wo gibt es eine internationale Vernunft, die es verbietet, *Chicken driving* für Diplomatie zu erklären?

Sagt nein! Amen.

Predigt zum zweiten Sonntag im Jahreskreis, 20. Januar 1991

Die Zukunft ist eine pazifistische, oder sie ist gar keine

Sie können mir glauben, daß ich heute gerne Lesung und Evangelium mit Ihnen durchgehen würde. Über den Propheten JONA habe ich schon oft gesprochen und über JOHANNES DEN TÄUFER auch. Aber nichts geht in diesen Tagen so weiter, wie es ging, *denn wir haben Krieg,* und also haben wir kein Recht, mit Gott zu sprechen und von Gott zu sprechen, wie wir's gewöhnt sind. Krieg, das ist der Sperriegel zwischen Gott und den Menschen, zwischen Himmel und Erde. Solange wir ihn nicht entfernen, ist nichts in Ordnung. Es gibt nicht einmal ein Recht, einen Bittgottesdienst um den Frieden abzuhalten. Gott wird sagen, was wir jedem achtjährigen Kommunionkind beibringen: «Wenn du kommst und deine Sünden gestehen willst und auf Vergebung hoffst, entwickle ein Konzept, dein Tun wieder gutzumachen.» Die einzige Art, das wiedergutzumachen, was jetzt geschieht, ist, laut zu schreien von allen Kanzeln und an jeder Straßenecke: *Hört auf mit dem Krieg!* Es gibt kein Recht, so fortzufahren!

Heute nacht hören wir, daß wir uns für Wochen auf das Spektakel einrichten können: Bombardement über Bombardement, 24 Stunden täglich, über Bagdad, über Mossul, über Basra, über Kuwait, mit einer Gewalt, die doppelt so schlimm ist wie die Bombardierung Dresdens. Was uns die Medien präsentieren, ist Videospiel. Da sieht man, wie die Targets formuliert werden, wie die Raketen abgeschossen werden, wie ein Blitz aufflammt, der den erfolgreichen Abschuß der Rakete bestätigt. Was man uns nicht zeigt, sind die mit Sicherheit Tausenden von Toten. Dies hat man aus dem Vietnam-Krieg gelernt: daß man der eigenen Bevölkerung nicht zeigen darf, was für Verbrechen man anrichtet. Wir aber müssen sagen: Die Leute, die jetzt aus den Tornado-Bombern, aus den Mirages, aus den B-52 aussteigen, verrichten keinen Job wie irgendeinen anderen; was sie verrichten, ist das befohlene Töten von Menschen, tausendfach und immer wieder. Und wir wissen, daß die Militärs, wenn sie Informationen herausgeben, Zwecklügen verbreiten. Sie lügen schon in der Vorbereitung. Noch vor Wochen hat man uns gesagt: «Das Ganze wird sich rasch erledigen, ein chirurgischer Schnitt, wir können das.» Nicht nur, daß wir dies nie hätten können dürfen – jetzt wissen wir, es wird lang dauern, es wird blutig werden, es werden viele Särge kommen. Und dann wird es sogar einen wirksamen Protest in den USA geben. Wir protestieren immer erst, wenn es uns trifft, nicht, wenn die andern getroffen werden. Bei ihnen mag die Hölle los sein, wir werden davor abgeschirmt, sie auch nur zu sehen. Und *daß* wir nicht sehen, was wir machen, ist die Bedingung dafür, daß wir es überhaupt machen können.

In diesen Tagen hörte ich die Politiker sagen, sie seien erschüttert und betroffen. Ich bin nicht erschüttert und betroffen. Dies haben wir wochenlang kommen sehen. Ich bin entsetzt, empört, wütend und verzweifelt. Dies *hätte* nicht passieren dürfen, aber wir sahen es kommen und waren am Ende sogar einverstanden.

Das, was hier geschieht, ist ein Schock auf mindestens drei Ebenen. Alles, was ich dazu sagen kann, sind Anregungen, es zu ordnen, keine unfehlbaren Wahrheiten.

Der erste Schock ereignet sich politisch, an der Oberfläche, in wichtigen Lebensbereichen und zentralen Ordnungssystemen des Zusammenlebens. Daß wir in unserer Welt uns eingerichtet haben in dem Bewußtsein, ein demokratisch geordnetes, rechtsstaatlich begründetes, zivilisiertes und humanisiertes Gemeinwesen vorzufinden, dies erweist sich in diesen Tagen als Lüge. Daß unsere Wirtschaft in vielen Teilen korrupt ist, konnten wir wissen, haben wir gewußt; aber jetzt ist es zu Ende mit der Duldsamkeit und mit der Toleranz, ein für allemal. Die Art, wie wir mit den Ländern der Dritten Welt umgehen, ist ein für allemal zu Ende. Wir verschrotten die Produkte unserer Rüstungsindustrie, indem wir sie diesen Leuten in einem großen Bilderbuchkatalog vorlegen. Wir erzählen ihnen:

«Wenn ihr alles das kauft, die Raketen, die Panzer, die Feuerleitsysteme, seid ihr unschlagbar, seid ihr die Besten und die Größten; ihr müßt nur all das kaufen, was wir hergestellt haben.» Und wenn sie das getan haben und für wahr nehmen, was wir ihnen erzählten, dann erscheinen sie uns als frech und hochmütig, dann müssen wir sie bestrafen. Und plötzlich erklären wir ihnen, daß wir noch ganz andere Dinge haben, auf die sie nicht vorbereitet sind. Darauf setzen wir, das sind unsere Geheimwaffen, damit drohen wir. Wir geben ihnen aber nicht einmal eine Chance, die Drohung wirklich zu begreifen. Im Tierreich hat Drohen im Kommentkampf einen Sinn, da weiß jeder Hirsch, was er vor sich hat, er sieht die Muskeln seines Gegners, er sieht seinen Kopf, er sieht sein Geweih. Wir Menschen geben einander keine Chance. Es war ALBERT EINSTEIN, der 1942 beim Bau der Atombombe von Los Alamos sagte: «Wenn wir das Ding zünden, müssen wir die japanischen Generäle dazu einladen, damit sie *sehen,* was ihnen bevorsteht.» Man hat das *nicht* getan. Man hat den Japanern nicht die geringste Warnung gegeben, man ist von den Marianen aus gestartet und hat die Bombe abgeworfen. Und als jeder sehen konnte, was in Hiroshima passierte, hat man das gleiche, weil's so schön war, über Nagasaki noch einmal gemacht. Schnell hunderttausend Tote mehr, es kommt offenbar nicht darauf an. Dies hier ist genauso. Die Irakis mögen wahnsinnig und hochmütig gewesen sein, aber was der Westen parat hat an Rüstungsmitteln, das konnte SADDAM HUSSEIN vermutlich wirklich nicht wissen. Was ein Tarnkappenbomber ist, wußten nicht einmal die Sowjets. Oder was passierte, als am 16. November die Amerikaner ihren Aufklärungssatelliten starteten, fähig, am Boden Gegenstände von dreißig Zentimetern Größe zu entdecken. Jede Ratte läßt sich da beobachten. Dies konnte man wirklich nicht wissen. Jetzt können es alle wissen, und jetzt wäre die Forderung, zu sagen: «Wir hören damit auf, wir machen eine Besinnungspause, wir schlagen nicht einfach zu, weil wir dran sind, immer weiter, fabrikmäßig, indem wir den Tod produzieren. Wir machen ein Moratorium, um zu überlegen, wohin wir gekommen sind.» Und plötzlich erklären uns die Militärs, daß es kein Halten mehr gibt, jetzt bestehen die Sachzwänge. Der Point of no return ist endgültig überschritten.

Wir haben in unserem gesamten politischen Konzept die Unschuld verloren. Dreißig Jahre lang hat man uns gepredigt, daß wir den Frieden sichern, wenn wir eine starke, schlagkräftige, wirkungsvolle Armee haben. Heute begreifen wir, daß dies vielleicht glücklicherweise zwischen Ost und West funktioniert hat; es funktioniert überhaupt nicht zwischen Nord und Süd. Was für eine politische Moral erwarten wir denn im Irak, wenn wir uns darüber beschweren, daß dort ein grausamer Diktator herrscht? Und unzweifelhaft herrscht dort ein grausamer Diktator. Aber im Irak hat noch nie etwas anderes geherrscht als ein grausamer Diktator. Der heutige Irak ist das Produkt von Jahrhunderten osmanischer Türkenherrschaft und anschließender englischer Kolonialpolitik. Bis 1961 war Kuwait ein Protektorat der Briten zur Förderung von Erdöl, nichts weiter, und dann hat man gesagt: «Wir richten eine Regierung ein, die da so weitermacht.» Natürlich wollen wir, daß man da so weitermacht. Kuwaits Öl gehört nicht SADDAM HUSSEIN, aber auch uns gehört es nicht. Wenn das Öl im Wüstensand Arabiens jemandem gehört, dann der arabischen Nation, wenn es sie je geben sollte.

Die Probleme, die wir jetzt vor uns sehen, werden uns ins kommende Jahrtausend begleiten. Die Völker der Dritten Welt haben auf dem Weltmarkt nur eine einzige Waffe: ihre Rohstoffe, und die werden sie gegen uns einsetzen, indem sie die Preise erhöhen, höchstwahrscheinlich bis auf das Fünf- und Sechsfache. Sie haben ein Recht, das zu tun, denn sie haben anders keine Chance, ob uns das paßt oder nicht. Werden wir dann jedem an den Hals gehen, der uns die Dinge so verkauft, wie *er* sie braucht, statt wie *wir* sie brauchen? Gerade sind wir dabei, der Welt beizubringen, daß wir alles können, weil wir die besten Waffen haben. Aber übermorgen werden auch die Schwachen, die Habenichtse von heute, starke Waffen und sogar eine Atombombe haben. Wollen wir dann gegen jeden Krieg führen?

Es gibt in dieser Welt nur eine einzige Chance: daß wir uns zusammensetzen und die entstandenen Probleme gemeinsam lösen statt durch Verteilung von Gut und Böse und Recht und Unrecht nach unserem Gutdünken.

Vor allem aber müssen sich all die Jungen, die heute achtzehn Jahre alt sind, fragen, was sie tun, wenn man sie zum Wehrdienst ruft. Wir haben geglaubt, unschuldig zu bleiben, indem wir das Töten lernen, um es nur nie zu handhaben. Ein für allemal wissen wir, daß, wer das Töten lernt, um damit zu drohen, seine Drohung ernst meinen muß, oder sie gilt nicht. Was aber ist er dann, wenn er bereitsteht, auf Befehl zu töten, massenweise zu töten? Und gibt es dazu irgendein Recht?

Das ist der wirkliche Schock dieser Tage: Wir sind mit unserer politischen Philosophie aus der NATO-Ära endgültig am Ende. Wir haben in jedem Betracht unsere Unschuld verloren.

Und dieser Schock wirkt bis auf die zweite Ebene, die moralische. Dieser Tage fragte mich eine Lehrerin: «Was soll ich meinen Kindern sagen?» Ich konnte ihr nur sagen:

«Das einzige ist, daß Sie den Kindern erklären: Wir als Erwachsene schämen uns vor euch, weil nichts von dem stimmt, was wir euch beigebracht haben. Wir halten uns selber nicht daran.» Wenn irgendein Junge auf dem Pausenhof sich mit einem anderen Jungen schlägt, gehen wir dazwischen und lösen den Pulk auf, der da schreit: «Haut se, haut se immer auf die Schnauze!» Wir sagen: «So handelt man nicht als Junge! Worum geht es? Redet miteinander!» Das halten wir für Pädagogik und Erziehung: nicht das Faustrecht des Stärkeren, sondern die Kultur der Sprache. Von Mädchen erwarten wir gar nicht erst, daß sie sich prügeln, kratzen und an den Haaren ziehen, das tut kein Mädchen! Die Hälfte der Menschheit führt überhaupt keinen Krieg, solange es irgend zivilisiert zugeht. Aber auch Jungen sollten ihn nicht führen. Vom Sandkasten bis zum Schulhof begreift man das. Aber wenn ein Junge 18 Jahre alt ist, soll das alles nicht mehr gelten? Dann dreht sich plötzlich die Logik, und er hat erwachsen zu sein, indem er begreift, daß Recht nur Recht bleibt, wenn dahinter der Cowboy mit der Pistole oder dem Repetiergewehr steht. Ist es das, was wir lernen müssen?

Noch viel schlimmer: Ein Kind, das heranwächst, hat ein Recht, zu glauben, daß die Erwachsenen Vertrauen und Respekt verdienen. Es hat ein Recht, in eine Welt hineingeboren zu werden, in welcher der Krieg eine moralische Unmöglichkeit darstellt. Gerade das ist nicht der Fall. Ich selber erinnere mich, wie es war, als ich mit 10 Jahren zu begreifen begann, daß das, was in den Zeitungen steht, etwas anderes ist als in einem Tier- oder Fabelbuch oder in FELIX DAHNS *Ein Kampf um Rom*, daß das buchstäblich so stimmt: 1950 Korea, Gemetzel in Pusan.

«Vater, was heißt ‹Gemetzel›?»

«Das erklär' ich dir später.»

Aber ich wußte mit zehn Jahren, was das heißt. Es heißt, daß man Menschen aufspießt wie Schweine, daß man von Flugzeugträgern aus über 30 km Entfernung in Menschenmengen hineinschießt, daß die Flüsse rot von Blut sind, daß da Treibjagd gemacht, ein Kessel um Menschen gebildet und hineingeschossen wird wie auf wilde Tiere. Das ist die Wirklichkeit. Welch ein Kind begreift denn, daß das die Wirklichkeit ist, die die Menschen anrichten?

Und sie hören nicht auf damit! Sie finden es alle zwanzig Jahre ganz normal, vernünftig und gerecht, so zu tun; sie haben am Ende sogar die *Pflicht*, so zu tun; sie haben ein völlig unschuldiges Gewissen. Ich könnte begreifen, daß ein amerikanischer Präsident den Krieg erklärt, indem er weint und heult und mit den Zähnen knirscht und verzweifelt ist, weil es keine andere Möglichkeit gibt, so wie beispielsweise die Polen 1939 sagen konnten: «Lieber krepieren wir, als daß wir uns den Faschisten unterwerfen.» So mag man, von mir aus, Kriege führen, aber nicht mit der Unschuld, mit der wir dasitzen und scheinbar reine Hände haben, die wir massenweise den Tod verhängen und nicht einmal ausprobiert haben, welche Verhandlungsspielräume wir hätten. Noch am Dienstag hatten wir sie! Das Recht der Palästinenser auf Leben wäre ein Verhandlungsgegenstand gewesen.

Ich höre sagen: «Wer so spricht, gerät in die Gefahr, als Antisemit zu gelten.» So verhält es sich nicht. Juden und Araber konnten und können miteinander in Frieden leben, das hat die Vergangenheit gezeigt. Aber wenn Israelis und Palästinenser einen Staat auf demselben Gebiet beanspruchen, können sie nicht miteinander leben. Sie haben aber beide ein Recht, in geordneten Grenzen zu leben. Es war BEN GURION, der sagte: «Der Zionismus wird widerlegt durch das Leiden eines einzigen arabischen Kindes.» Es sind viele tausend arabische Kinder, die leiden, und diese Region in Nahost wird nur zum Frieden kommen, wenn das Palästinenserproblem endlich gelöst wird. Ein Freund des Staates Israel muß dies als erstes wünschen, um Israels willen.

Ich höre ferner sagen: «Saddam Hussein ist ein Aggressor.» Richtig. «Er hat Kuwait überfallen, um seinen Staatsbankrott zu verhindern.» Richtig. Aber wenn wir's begreifen – welche Spielräume hätten wir gehabt, finanzielle Probleme zu lösen! Allein der Aufmarsch am Golf verursacht Kosten, die so hoch sind wie die Staatsverschuldung des Irak, und das ist nur ein Teil von dem, was dieser Krieg kosten wird. Und ist es dann moralisch gerechtfertigt, einen völlig zerstörten Irak übrigzubehalten, ein völlig zerstörtes Kuwait? «Wir *mußten* Kuwait zerstören, um es zu retten», – ist das die militärische Vernunft?

Alle Regeln, die seit zweitausend Jahren, vom römischen Staatsrecht ausgehend, über die Bedingungen eines sogenannten gerechten Krieges formuliert wurden, stehen in erklärtem Widerspruch zur politischen und militärischen Wirklichkeit am Ende des 20. Jahrhunderts. Also genügt es nicht, wenn der Papst an SADDAM HUSSEIN und an GEORGE BUSH einen Brief schreibt und wenn die Bischöfe auffordern, um Frieden zu beten. Es genügt in *keiner* Form. Es genügt auch nicht, wenn Bischof KRUSE einen Tag vor Ausbruch des Krieges erklärt, er könne dazu nichts sagen, er wisse ja heute noch nicht, was er morgen sagen könnte, und im Vaterunser stehe: «Erlöse uns von dem Bösen, denn Dein ist das Reich und die Kraft und die Herrlichkeit.» Theologische Floskeln beleidigen Gott, wenn Menschen einander töten. *Das* ist die Wahrheit. Es hätte jede moralische Instanz, die sich auf Gott berufen will, heute die bittere Pflicht oder die selige Notwendigkeit, zu erklären, daß ein Krieg moralisch absolut unmöglich ist. Dieselbe Kirche, die erklärt, daß eine Frau, die nicht mehr weiterweiß, eine Mörderin ist, wenn sie ihre Leibesfrucht abtreibt, hat am Ende des 20. Jahrhunderts das Recht und die Pflicht, zu sagen: «Das befohlene Töten von Menschen ist gegen jedes Gottesrecht, und wer sich daran beteiligt, wird aus der Kirche ausgeschlossen.» Es wäre die *Pflicht* der Kirche, aus ihrer eigenen Denktradition heraus zu sagen: «Einen gerechten Krieg gibt es nicht, es gibt nur verbrecherische Kriege, gleich für welche Ziele.» Eine moralische Unmöglichkeit des Krieges bedeutet, daß wir überhaupt nicht erst mehr darüber nachdenken, ob ein Krieg sein kann oder nicht. Er löst nicht ein einziges Problem, er schafft unentwegt immer neue. Das wußten wir, aber wir haben den Krieg nie ausgeschlossen. Er war uns nie so unmöglich, wie wenn wir überhaupt keine Waffen hätten, wie wenn wir mit der Kuchenrolle und mit der Mistgabel aufeinander losgehen mußten. Immer noch haben wir Spielräume gelassen für die Mächtigen, am Ende doch noch zu tun, was sie wollten. Genau das geht moralisch nicht an!

Ich höre die «Lektion von 1938»: die Verhandlungen in München und die Lehre, die daraus zu ziehen wäre, daß HITLER mit Friedensbedingungen und Verhandlungen nicht an die Leine zu legen war. WINSTON CHURCHILL wird zitiert: «In dieser Stunde der Wahl zwischen Krieg und Schande wählte Chamberlain beides.» Wir sind stark und mutig, stolz und kräftig, wir wählen den Krieg und die Würde! – Ist es das, was wir aus 1938 gelernt haben? Wenn wir HITLER hätten bekämpfen wollen, wir, die Deutschen, hätte die katholische wie die protestantische Kirche in Großdeutschland eine ausgezeichnete Chance gehabt. Sie hätte die Bibel lesen müssen mit demselben Ernst, wie die Zeugen Jehovas das konnten. Sie sagten: «Keinen Kriegsdienst!» Sie gingen lieber in die KZs, als ihn mitzumachen. *Das* wäre die Widerlegung ADOLF HITLERS gewesen.

Nie wieder Krieg! Und das Verbrechen, einen Krieg mindestens der Drohung nach zu ermöglichen: Schluß mit der Rüstung! Schluß mit den Waffengeschäften! Schluß mit der Produktion eines Bewußtseins, daß wir stark sein müßten, um friedfertig zu werden! Stärke ist eine seelische Kraft, die von innen kommt. Sie ist nicht zu erreichen mit Kanonen, Panzern und Raketen. Die Moral des 20. Jahrhunderts ist entweder eine pazifistische oder überhaupt keine. Aus all den Kriegen der Vergangenheit müssen wir lernen, daß Mut vielleicht in den Schlachthäusern der Historie gelernt wurde, aber ab sofort sich als eine zivile Kraft gegen den Krieg richtet. Sich gegen den Krieg zu stellen verlangt viel mehr Tapferkeit, Selbständigkeit, Widerspruch und Geradheit als die graue Anpassung, auf Befehl irgendeinen «Job» zu verrichten.

Es ist aber der Schock, der von diesen Tagen ausgeht, am tiefsten religiös. Wir stehen dabei, zweitausend Jahre nach Christus zu bemerken, daß wir mit allem Reden, mit Millionen von Gottesdiensten nichts von dem tun, was Jesus wirklich wollte. Es ist der Offenbarungseid für uns, und es gibt dafür nicht die geringste Entschuldigung. Die Phraseologie muß den Abschied nehmen, es habe Jesus, als er sprach: «Widersteht dem Bösen *nicht!* Reagiert nicht auf das Böse! Laßt euch von dem Bösen nicht die Handlungsanweisung für euer eigenes Tun vorschreiben!» lediglich den privaten Bereich gemeint, er habe womöglich nur gemeint, daß Mann und Frau miteinander auskommen sollen, damit es keine Ehescheidung gibt. Für Jesus war die Zweiteilung zwischen Individuum und Kollektiv ganz unmöglich. Jesus hat *Menschen* gesehen. Er hätte überhaupt nicht verstanden, wieso wir beides auseinandernehmen: Einerseits ist jemand Politiker, und andererseits ist er Familienvater; hier ist er Soldat, und da ist er Staatsbürger, und das Zivile und das Politische können sich unterscheiden, wann immer es sein muß. Ebendiese Aufspaltung geht bis an die Schizophrenie, sie macht uns zu Wahnsinnigen. Das, was Jesus wollte, gilt entweder ganz oder gar nicht.

Wir *hätten* Spielräume gehabt, das Böse durch das Gute zu überwinden. Allein in der Kostenrechnung läge die Chance auf der Hand. Wir würden SADDAM HUSSEIN sagen: «Dies, was sich hier abspielt, ist für dich und für uns genauso reiner Wahnsinn, der Zusammenbruch aller Menschlichkeit, und wir hören damit auf. Wir als die Stärkeren, die wir es uns scheinbar leisten könnten, hören freiwillig damit auf. Deine Staatsschulden sind dir geschenkt. Aber wir brauchen das Öl, begreif das auch; wir können nicht die ganze Welt zusammenbrechen lassen, nur weil du denkst, alles bleibe bei dir. Laß uns verhandeln!» Es wäre eine *christliche* Möglichkeit. Warum gilt sie immer noch als Utopie? Warum traut sich kein Politiker, seinem Volk zuzumuten, daß es andere Handlungsmotive gibt als den brutalen Egoismus? Warum ist es nicht möglich, einem Volk zu erklären, daß wir mitunter Opfer bringen müssen, damit wir am Ende uns selbst weniger schädigen, daß es zumindest eine Rationalität des Egoismus gibt, die den anderen mit einbeziehen muß, von Nächstenliebe ganz zu schweigen? Aber wie weit entfernt sind wir von dem, was wir gleich feiern wollen, dem Opfer der Versöhnung, der Mahlgemeinschaft der Liebe! Nichts von dem stimmt heute, das ist die bittere Erkenntnis. Wir hantieren mit Worten, wir spielen mit Zeichen, aber wir weigern uns, von dem Sonntag auf den Montag zu kommen mit dem, woran wir glauben. Also woran glauben wir dann?

Es wäre möglich, daß sich gemeinsam viel aus den Überlieferungen der Völker lernen ließe. Es wäre möglich, mit dem Islam als einer Schwesterreligion zu rechnen. Was MOHAMMED im 7. Jahrhundert wollte, war keine neue Religion, sondern die Wiederherstellung der Religion ABRAHAMS. Er hat uns viel zu sagen, dieser große Mann aus Mekka. Warum gibt es keine Weltbrüderschaft zwischen Christen, Juden und Muslimen? Und es wäre nur der Anfang von Humanität im Namen Gottes für ein Drittel dieser Welt. Jedes Sichberufen auf Gott zur eigenen Rechtfertigung beleidigt Gott, macht ihn zum Ideologenpopanz, zu dem lieben Gott der Theologen, der in Wirklichkeit zu einem Götzen für die Menschen, zu einem bluttriefenden Gott wird.

Und der Gott des Himmels wird nichts tun. Er wird sagen: «Lernt aus euren Fehlern, aber hört auf zu beten: Lieber Gott, mach, daß es keinen Krieg gibt.» Wir, die wir erwachsen sind, haben kein Recht, uns in die Winkel der Kirchen zu hocken und die kleinen Kinder zu spielen, die unschuldig sind und Angst haben und sehen möchten, wie ihr Obervater, der Papst in Rom, auch betet und wie sie gemeinsam sich trösten inmitten ihres Durcheinanders. Wir, die Erwachsenen, sind zuständig für unsere eigenen Kinder, und wir haben sie zu schützen in ihrem Vertrauen in uns, in die Menschlichkeit. Wir haben kein Recht zur Regression, wir haben stark zu sein, ebendeswegen hat es auch keinen Sinn, sich dauernd vorzubeten, was ein Krieg am Golf alles anrichten kann, wovor wir Angst haben müssen: Die Ölpreise werden steigen, eine Baisse an der Börse, Instabilität in Nahost, Wolken, die die Atmosphäre verseuchen können, wenn Kuwait brennt. Vor all dem kann man Angst haben, und sie ist mehr als berechtigt. Aber das wirkliche Problem ist das Grauen vor den Menschen. Das wirkliche Problem liegt darin, daß der Himmel sich längst verdüstert *hat,* wenn Menschen so fortfahren, über Menschen zu reden, zu denken und gegen sie zu handeln. Wieviel Pesthauch verwesender Menschenkörper brauchen wir noch, ehe wir spüren, wie uns die Luft ausgeht? Wie tief müssen wir noch ins Blut hinein, bis wir an der eigenen Blindheit ersaufen? Die Zukunft ist eine pazifistische, oder sie ist gar keine.

Deshalb ist es vielleicht der einzige Trost in diesen Tagen, daß eine ganze Jugend aufbricht gegen die Propaganda aller Medien in den letzten Monaten und sich weigert, zu glauben, daß es ein Recht auf einen gerechten Krieg gibt. Sie sagt nein. Sie können dafür Motive haben, gleich wo sie herkommen. Diese Jugendlichen frieren sich die Beine krumm auf den Straßen, und sie kämpfen für den Frieden und wollen keinen Krieg mehr, um den Preis jeder Infragestellung. Dies ist womöglich die einzige Hoffnung in Deutschland: daß wir aus der Vergangenheit für die Zukunft lernen und sagen: *Nie wieder Krieg!* Es ist die einzige Botschaft, die wir als Deutsche, als die Schwerverbrecher des «Dritten Reiches», der Welt von morgen zu sagen hätten.

Also Schluß damit, daß wir darüber debattieren, ob der Jäger 90 in den Blaupausen hergestellt wird oder für 100 Milliarden Mark schon in die Fertigung kommt. Setzen wir das Geld doch da ein, wo es hingehört, und lamentieren nicht herum, was unsere Sicherheit wert ist. Es gibt sie nicht isoliert, diese Sicherheit. Politik macht man nicht wie ein Igel, indem man sich zusammenrollt und die Raketenstacheln ausfährt. Sicherheit gibt es nur innerhalb einer gemeinsamen Menschheit oder gar nicht.

Und dann werden wir, mit dem Blick auf diese Jugend, die sich weigert, hoffentlich, sagen können, daß es Erinnerungen gibt, die wir nicht vergessen sollten. Auch SADDAM HUSSEIN wird uns nicht das Gesicht der Araber und ihrer Kultur vergessen machen. Von Mesopotamien haben wir alles gelernt, was Zivilisation ausmacht, das Lesen und das Schreiben, die Einteilung der Zeit in zwölf Stunden, die Monate des Jahres. Noch am Anfang des Mittelalters war die arabische Kultur der europäischen bei weitem überlegen. Wir verdanken den Arabern unendlich viel für unsere Welt. Gäbe es nicht eine Schuld zurückzuzahlen, heute, wo sie anscheinend die Schwächeren sind? Sie sind ein stolzes und ein großes Volk. Und ich begreife nicht, wie man in Verleugnung aller psychologischen Regeln der Menschheit will weismachen können, man wolle den Frieden, indem man als erstes den Gegner demütigt. «Gib auf, du Ratte, oder ich zerquetsche dich» – ist das die Sprache eines Verhandlungsangebotes? Jeder, der Arabien kennt, weiß, was die Reaktion sein wird.

Und schließlich sollten wir nicht vergessen, daß wir in einer Welt leben, die trotz allem ihre Schönheit bewahrt. Am Donnerstagmorgen, wissend, daß die 18 000 Tonnen Bomben über Bagdad regnen würden, schaute ich aus dem Fenster auf die Kastanie drüben. Im Sonnenaufgang spielte ein Eichhörnchen darinnen, tanzte über die Zweige wie über eine Straße. Es gibt Augenblicke, in denen man sich schämt, ein Mensch zu sein. Tiere führen keine Kriege. Aber vielleicht lernen wir von der Unschuld der Tiere und unserer eigenen Kinder.

Ich wage nicht zu beten: «Gott, vergib uns unsere Schuld.» Es gibt Bedingungen: Denn wenn ihr nicht vergebt des andern Schuld, wird auch euer himmlischer Vater euch nicht vergeben. Machen Sie daraus Politik. Amen.

Erklärung zum moralischen Recht der Mahnwache auf dem Marien-Platz vor dem Rathaus in Paderborn, 6. Februar 1991

Platz zu schaffen dem Ratschlag des Friedens

Ja, es stimmt: Wir stören die Ordnung. Denn wir wollen nicht, daß man den Krieg am Golf in Ordnung findet. Wir schaffen Unruhe. Ja, das wollen wir. Denn solange es Krieg gibt, läßt es uns nicht zur Ruhe kommen. Aber sind wir deshalb ein Fall für das Ordnungsamt? Hat deshalb der Oberkreisdirektor das Recht, uns Rechtsbrecher zu nennen?

Wir haben kein Recht, mit dem Krieg zurechtkommen zu wollen. Das ist das ganze Problem. An das Ungeheuerliche darf es keine Gewöhnung geben. «Die Alliierten setzten auch am 19. Kriegstage ihre Lufteinsätze gegen den Irak fort.» Wir wollen, daß man diese Nachricht nicht hinnimmt wie den Wetterbericht der Spätausgabe der Tagesschau. Wir möchten, daß man sich vorstellt, was die wie normal klingenden Phrasen besagen: den 42 000. Einsatz eines amerikanischen und britischen Flugzeugs innerhalb des furchtbarsten Bombardements, das die Geschichte der Menschheit je gesehen hat: jeden Tag mehr als 18 000 Tonnen Sprengstoff, abgeworfen über irakischen Städten, fünf Stunden lang Dauerbombardement über Basra, Bagdad und Mossul – wir möchten, daß man im Dröhnen berstender Bomben das Weinen irakischer Frauen und Kinder nicht überhört, und wir lehnen es ab, einen Krieg zu rechtfertigen und für gerecht zu erklären, von dem man nur eines ganz sicher weiß: In ihm werden weit mehr Kinder sterben als Soldaten an der Front.

Darum stehen wir Tag und Nacht auf dem Platz vor dem Rathaus der Stadt Paderborn, um Platz zu schaffen dem Ratschlag des Friedens: Hört auf mit dem Töten! Beendet den Krieg! Beseitigt die grausige Bereitschaft zur befohlenen Massenvernichtung von Menschen!

Es gibt kein Zurück in den Alltag, solange es Krieg gibt. Ein Ja zum Krieg, mit welchen Gründen auch immer, ist ein Nein zu allem, was menschlich wertvoll und schützenswert ist. Es gibt keine Tage mehr, es gibt keine Nächte mehr, es gibt keine Sonne und es gibt keinen Mond – solange Krieg ist, gibt es nur Grauen und Gräber und das Grinsen der Fratze des Todes. Sie schaut uns an aus der Ölpest im Golf, sie tönt uns entgegen aus den wirklich gesprochenen Worten von US-Vizepräsident DAN QUAYLE vom 1. Februar 1991 in England, es gelte, selbst den Einsatz von Atombomben «als eine reale Option» offenzulassen, falls man «es» mit konventionellen «Waffen» nicht schaffen sollte. Die «Option des Krieges» – fünf Monate lang hielt GEORGE BUSH sie sich offen. Jetzt haben wir Krieg, und wir fordern das Ende der Lüge: Es gibt keinen «Friedenseinsatz» am Golf, und es gibt keine «Friedenstruppe» am Golf. Was es dort gibt, ist das grausame, gräßliche Töten von Menschen. Der Krieg ist der Krieg. Er wird niemals der Friede. «Wenn es zum Krieg kommt», erklärte im Januar US-Kriegsminister RICHARD CHENEY, «dann wird er geführt werden bis zum endgültigen Sieg.» Ein endgültiger Sieg – das ist die totale Vernichtung des Irak, das sind Hunderttausende toter Menschen, das ist ein Vielfaches an Verwundeten, das sind Millionen von Flüchtlingen, von Verhungernden, von Verzweifelten. «Dieser Krieg», erklärte am 27. Januar GEORGE BUSH, «wird nicht geführt zwischen Juden, Christen und Muslimen; er wird geführt um das, was aller Religion zugrunde liegt: der Kampf zwischen Gut und Böse. Und das Ende dieses Krieges kann nur der Sieg des Guten sein.» Genau das ist es, wogegen wir stehen und wogegen wir aufstehen: Das Ende jedes Krieges ist der Triumph des Todes und der Sieg der Barbarei über die Humanität. Es gibt keine guten Kriege. Es gibt den Krieg nur als das grauenhafteste Verbrechen an der Menschheit. Und wir sagen: Schluß damit!

«Aber Saddam Hussein bedroht Israel.» Ja, das ist wahr, und es ist schrecklich. Doch die Drohung HUSSEINS gegen Israel hat ihren Grund in dem seit über 40 Jahren ungelösten Problem der Palästinenser. Eine internationale Konferenz in Nahost, Druck auf die Regierung SCHAMIR zum Rückzug aus den besetzten Gebieten und Friedensgespräche mit den Palästinensern – es hätte Israel besser beschützt als die eilig eingeflogenen Patriot-Raketen. Alle Menschen, die in Tel Aviv schon gestorben sind oder verwundet wurden, könnten noch leben und gesund sein ohne den Krieg. Aber seit Jahren muß Israel wählen zwischen Land und Frieden. Wer Israel liebt, der hat keine Wahl. Der will Frieden.

«Aber Saddam Hussein annektierte Kuwait.» Und: «Wo wart ihr am 2. August 1990?» Es ist wahr: Wir waren monatelang mit der Politik des Handelsembargos gegen den Irak einverstanden, wir sahen keinen Grund zum Protestieren, weil wir nicht glauben wollten, daß die «Option» des Krieges wirklich ernst gemeint sein könnte; wir vertrauten zu lange der Moral unserer Regierungen und dachten mit HANS-DIETRICH GENSCHER: «Wer nicht schießen will, muß reden.» Also: Irgendwann werden sie schon reden. Bis wir schließlich wußten, daß weder die Amerikaner noch die Briten reden wollten. «Mit Verbrechern spricht man nicht», erklärte markig, neu gewählt, Premierminister MAJOR. Aber wie denn: Sprengt man, um einen Gangster zu erledigen, der in einer Bank hundert Geiseln in seine Gewalt gebracht hat, das ganze Haus samt allen Unschuldigen in die Luft? Und nennt das dann «das richtige Signal, daß sich Gewalt nicht auszahlt»? Immer wieder, schon zur Beruhigung des Gewissens, erklärt man den eigenen Krieg für unvermeidlich, für gerecht, für richtig, und immer wieder malt man sich aus, daß all die begangenen Verbrechen am Ende eine bessere Welt heraufführen würden. Aber noch niemals hat ein Krieg ein Problem gelöst, und stets versank der Stern des Friedens in dem Meer von

Blut und Tränen, in das man die Menschen tauchte, um ihn zu erreichen.

«Man muß manchmal Schlimmes tun, um Schlimmeres zu verhindern», hieß es dieser Tage im Deutschen Bundestag. Wir sagen: Nichts ist schlimmer als das befohlene Töten unschuldiger Menschen. Und das Allerschlimmste – das wäre, wir fänden als Sieger am Ende das Grauen des Krieges ganz richtig; dann hätten wir wirklich «endgültig» gesiegt. Wir wären moralisch vernichtet. Denn beerdigt hätten wir mit den Hunderttausenden von Getöteten zugleich unser sittliches Urteilsvermögen, das unbestechlich erklärt: Du sollst nicht töten, oder, wie der Koran in der 5. Sure sagt: «Wer eines Menschen Leben auslöscht, der ist wie einer, der aller Menschen Leben auslöscht.» Blut wäscht keine Hände rein, und ein reines Gewissen beim Töten von Menschen, die bürgerliche Beruhigung, der richtigen Sache zu dienen, indem man zusieht, wie Unschuldige sterben – das geht nicht mit uns! Wir schreien! Wir wollen Unruhe, Mahnwache, Störung, Protest und Provokation sein. Und dafür stehen wir: Man kann nicht übergehen zur Tagesordnung, solange noch Krieg ist; und Krieg ist, solange der Gedanke nicht endgültig aufgegeben ist, daß Krieg moralisch doch möglich und irgendwie gar nicht so schlecht sei – eine Mutprobe, eine Sache der Ehre, ein Opfer, das unter Umständen nötig ist. Mut hat, wer heute nein sagt zum Krieg, zu ehren ist, wer die Menschen versöhnt, aber Menschenopfer – welch ein Götze von Gott soll sie lohnen?

Denn eines stimmt nie und nimmer: der Religion zugrunde liege der ewige Kampf zwischen Gut und Böse. Der Religion zugrunde liegt die Erkenntnis, daß sich zwischen Gut und Böse nie endgültig trennen läßt, daß wir stets beides in uns tragen und daß wir allesamt angewiesen sind auf Erbarmen und Güte – jenseits des «Rechts». Wenn Allah nach den Freveln strafen würde, würde nichts mehr auf Erden sein, sagt der Koran (XVI 62), und die Bibel schildert (Gen 6,5 ff.), wie Gott die ganze Welt vernichten müßte, wenn er das Unrecht der Menschen ahnden wollte. Welch ein Gott soll das sein, der einem amerikanischen Präsidenten das Recht gibt, Tausende von Menschen zu töten, um die USA als den neuen Garanten einer künftigen Weltordnung auszurufen? Ein «Gebetssonntag» für die eigenen Soldaten – nein, wenn es einen Gott im Himmel gibt, dann will er nicht, daß Menschen in seinem Namen, guten Gewissens, mit geistlichem Beistand womöglich, Menschen töten. Sechs Wochen nach Weihnachten ist das alles offenbar niemals gesagt: daß der Erlöser der Welt gerade abseits von Rom, fernab von Jerusalem kam und nichts im Sinn trug mit der weltbefriedenden Macht des Augustus und der heuchlerischen, kindermordenden Frömmigkeit des Herodes. «Ihr könnt nicht Gott dienen und dem Mammon» (Mt 6,24) – es hätte so viele Chancen gegeben, die Konflikte des Nahen Ostens zu lösen, würde man, statt von dem Wahn eines gerechten Krieges, nur endlich Gebrauch machen von der Bergpredigt.

16 Milliarden Mark – im Handumdrehen werden sie von der Bundesregierung bewilligt, um den Krieg der Amerikaner und ihrer Verbündeten am Golf zu finanzieren. In all den Jahren war nicht ein Bruchteil aufzubringen im Kampf gegen Hunger und Elend in der Dritten Welt. Einfach durch die Tatsache dieses unseligen Krieges werden im Schatten einer Politik der angemaßten Neuordnung der Welt immer noch mehr Menschen Jahr für Jahr elend zugrunde gehen.

Versteht ein Oberkreisdirektor wirklich nicht, warum wir kein Recht darin sehen, Steuern zu erhöhen einzig als Blutgeld für den Golfkrieg? Eine Hungersteuer, eine Entwicklungssteuer, eine Katastrophenhilfesteuer, eine Geburtenkontrollsteuer, eine Regenwaldschutzsteuer – eine Steuer der Menschlichkeit, allemal ja! Aber beisteuern dem Krieg – das wollen wir nicht.

Und eben deshalb darf der Rückzug in die bürgerliche Ruhe nicht gelingen. Solange unser Geld dazu verwendet wird, den

Krieg zu finanzieren, ist es nicht gut, Geld zu verdienen; solange unsere Arbeitskraft dazu verwendet wird, mittelbar der Industrie des Todes zu dienen, ist es nicht gut, weiter arbeitsam zu sein; solange unser Pflichtgefühl mißbraucht wird, unsere Seelen abzustumpfen und den «Dienst nach Vorschrift» zu ermöglichen, ist Ungehorsam besser als Fügsamkeit. Und kein Ordnungsamt und keine Oberkreisdirektion ändert etwas an diesem Grundkonflikt: Eine Ordnung, die nicht den Krieg verhindert, verliert ihre Legitimation; eine Form des Zusammenlebens, die ganze Völker in den Untergang stößt, ist nicht Leben, sondern Tod.

Eine Jugend, die aufsteht gegen den Krieg – gegen diesen Krieg und gegen jeden Krieg –, ist die einzige Hoffnung für morgen; und alte Leute, die sich erinnern und wollen, daß niemals mehr wiederkehrt, was sie selber als Kinder erlebten, sind wie lebende Mahnmale gegen den Krieg und wie Boten des Friedens in einer unheilen Welt – die einen zeigen uns, daß man aus der Geschichte lernen kann, und die anderen machen uns Mut, den Gang der Geschichte zu ändern. So bleibt noch immer zu hoffen, daß die Lehre der Stunde jetzt lautet: Nie wieder Krieg! Und: Stoppt den Krieg am Golf! Und: Beendet das Töten! Damit die Erde aufhört, den Mächtigen als Schlachtfeld von Menschen zu dienen, beanspruchen wir den Platz vor dem Rathaus. Die einzige Ordnung ist: Friede. Keine Anordnung und keine Verordnung vermag etwas gegen dieses Einfache.

Predigt zum fünften Sonntag im Jahreskreis, 9. Februar 1991

Es gibt für diesen Globus nur eine Lösung der Gemeinsamkeit

Ich habe sehr viel Verständnis dafür, wenn Sie sagen: «Heute um Gottes willen keine Predigt über den Krieg! Seit drei Wochen ist Krieg, und es wird uns zuviel, noch irgend etwas davon zu hören. Man kann nicht ständig seine Augen in den Qualm brennender Häuser und brennender Erdölquellen richten, ohne daß man erblindet. Man kann nicht dauernd das Geschrei von Verwundeten und Schwerverletzten in den Ohren haben, ohne taub zu werden. Irgendwann kommt die Grenze, wo Menschen bestimmte Dinge nicht mehr ertragen und wo sie ein Recht haben, abzuschalten. Ein Gottesdienst ist ein Ort der Ruhe, nicht der ständigen Beunruhigung.» Ich habe sehr viel Verständnis dafür, wenn Sie so denken. Außerdem werden Sie sagen: «Wir richten doch nichts aus noch an; wir verhindern überhaupt nichts. Wir können Gott bitten, oder wir können mit großem Pathos mahnen und aufrufen, daß Schluß sein soll mit dem Krieg, daß Waffenstillstand sein soll – noch heute abend, ehe das Massenmorden von zweimal fünfhunderttausend Menschen am Boden mit der ganzen Orgie strategischer ‹Vernunft› losbricht.»

Wir richten nichts aus, das ist wahr, aber was wir mit biblischem Pathos und religiösem Ernst tun können, das ist die Tat der RIZPA, der Tochter AJAS. Die Bibel erzählt von ihr eine einzigartige Tat. In der Zeit einer Dürre erklärten die Ratgeber König DAVIDS, Gott habe den Himmel verschlossen einer alten Blutschuld wegen, die über dem Hause Saul liege. Daraufhin liefert der König sieben Männer aus der Familie Sauls zur Hinrichtung durch Pfählen aus. Doch der Himmel bleibt weiter verschlossen. Da hört von der gräßlichen Hinrichtung RIZPA, die Nebenfrau SAULS, und kniet sich zu den Getöteten bei Tag und bei Nacht. Als DAVID davon erfährt, läßt er die Toten im Familiengrabe Sauls beisetzen; und jetzt erst öffnet sich der Himmel und ergießt seinen Regen über das Land. – Ganz ähnlich wir! Wenn wir denn das Morden nicht verhindern können, können wir doch eintreten in ein Protestschweigen und ein Protesttrauern um die Getöteten. Wir können uns hinkauern neben unsere unsichtbaren erschlagenen Schwestern und Brüder und den Himmel um Versöhnung bitten. Denn anders läßt er sich nicht versöhnen. Es war ein Irrtum der Ratgeber DAVIDS, zu glauben, es werde regnen, wenn man Rache übe und durch die Ermordung anderer, mutmaßlich Unschuldiger, das Recht wiederherstelle; es sei ein Gott im Himmel, der die Blutrache wolle; und wenn nicht Blut fließe auf Erden, lasse er nicht regnen vom Himmel. Dies ist ein Irrtum! Gott wird einzig durch das Mitleid versöhnt, durch die Tat der RIZPA, die wenigstens aufhält, daß man die Toten schändet. (2 Sonn 21,10–14)

Es ist kein spezifisch biblisches, es ist ein menschheitliches Motiv. Wir finden es wieder auf den Bühnen der Welt, zum Beispiel in der griechischen Fassung der *Antigone*, die erzählt, wie in Theben die Brüder POLYNEIKES und ETEOKLES übereinander herfielen und sich gegenseitig mordeten, genau wie in der biblischen Geschichte von KAIN und ABEL. König KREON von Theben aber erklärte, daß ETEOKLES schon immer ein guter, rechtschaffener, braver Mann gewesen sei, während alles Böse den Namen POLYNEIKES trage; er verwese zu Recht unbeerdigt, und niemand solle ihn bestatten; keine Ruhe solle er finden im Hades, denn ein Verfluchter sei er. So will es die Staatsräson von Theben. In dieser Stunde kauert an der Leiche des POLYNEIKES, ihres Bruders, ein Mädchen, ANTIGONE, nieder und *wagt es, aufzustehen gegen Staatsrecht zugunsten des ewigen Gottesrechts* mit dem ungeschriebenen Anspruch, daß Menschen zusammenhängen auch über den Tod hinaus. Das ist zu viel für König KREON. Das bedroht seine Macht. Er läßt ANTIGONE töten. Wenn sie schon eine so unverschämte Sehnsucht nach dem Tod und nach den Toten hat, soll sie mitvermodern, soll sie hinabsteigen in die Erde mitsamt POLYNEIKES! Im Drama des SOPHOKLES erlebt KREON, wie seine eigene Frau EURYDIKE und der Geliebte ANTIGONES, HAIMON, das Leben verweigern und selber, freiwillig oder gezwungenermaßen, in den Tod gehen, weil sie nicht leben wollen mit der Willkür des Mächtigen. Und am Ende findet auch KREON keinen Weg mehr, scheinbar unschuldig, weil im Besitze der Macht, seine Befehle zu geben.

Es gibt Zeiten, in denen man die Weltliteratur nicht mehr zitieren muß, indem man sie sich auf der Bühne vorführen läßt. Es gibt Zeiten, da sie sich selber aufführt und wir unsere Rolle finden und zwischen KREON und ANTIGONE wählen müssen. Wer die Wahl der ANTIGONE trifft und sich neben den Erschlagenen niedersetzt, der wird die Mächtigen einfach durch sein Dasein fragen, woher sie den Frevel ihrer Unschuld genommen haben, Mord auszurufen über Menschen. Er wird das schlechte Gewissen verkörpern, das nicht zur Ruhe kommen will noch kann, denn wenn Menschen über den Tod hinaus zusammengehören – was waren sie dann vorher, bevor man sie ermordete? Dann waren sie nie auseinanderzureißen, und es gab niemals ein Recht, sie zu trennen. Dann gibt es nur eines zu bekämpfen: den Befehl, Menschen zu töten. Und das ist ANTIGONE, das ist RIZPA, die Tochter AJAS.

Was wir in diesen Tagen lernen müssen, ist die Infragestellung aller bürgerlichen Denkgewohnheiten, und es bleibt uns nicht erspart, das Christentum sechs Wochen nach Weihnachten noch einmal ganz neu zu lernen.

Wir sind groß geworden in der Überzeugung, daß die staatliche Gewalt von Gott gesetzt ist – Römer 13 – und daß das alles schon irgendwie funktioniert, wenn wir nur mitmachen, staatstragende Bürger, die wir sind. Aber ein Staat, der nicht verhindert, daß wir in den Krieg einwilligen, ist nicht auf dem rechten Weg. Irgend etwas stimmt nicht in der Weltordnung, wenn uns erklärt wird, daß es unter Umständen eine Pflicht sein kann, in den Krieg einzutreten, daß man, um Schlimmeres zu verhindern, Schlimmes tun müsse.

Es gibt diese furchtbar genaue Erzählung im 4. Kapitel des Matthäusevangeliums von einer Versuchung, die Jesus selber bis ins Herz hinein betrifft. Es ist ein ewiger, teuflisch-göttlicher Gedanke, man könne auf einen Berg steigen und sei im Besitz aller Macht und Herrscherfülle, die ganze Welt liege einem zu Füßen, und man könne die Weltherrschaft erstreben, um die Erde zu befrieden. Alle Reiche der Welt vereinigt in der Hand eines Menschen, eines Gottessohnes wie JESUS CHRISTUS, wäre das nicht zu wünschen? Endlich hätte die Macht ihre Bündelung in einem Untadeligen! Könnte nicht endlich die gesamte Welt, regiert von einem solchen, dem Mann aus Nazareth, ihren Weg in Harmonie, Verträglichkeit, Gerechtigkeit und Frieden finden?

Was hier auf dem Spiel steht, ist die Absage nicht nur an ein bestimmtes Herrschaftssystem, sondern an das *Prinzip*, das jeder Illusion von einer Weltbefriedung auf dem Weg der Macht zugrunde liegt. Es ist unvereinbar mit dem 4. Kapitel des Matthäusevangeliums, wenn wir heute den Führer der westlichen Führungsmacht predigen hören, dieser Krieg am Golf sei ein Krieg, an dem die Menschheit und die Weltgeschichte sich entscheide, denn nach diesem Krieg werde die neue Ordnung kommen, kein Aggressor werde es künftig wagen, irgendein anderes Land zu überfallen, ein Ende werde sein mit den Diktatoren, und eine amerikanische Ordnung werde den Globus umspannen in Vereinigung der besten Interessen von Recht, Gerechtigkeit und Frieden. Es ist der ewige Wahnsinn, zu glauben, daß man durch ein Meer von Blut waten müsse, um sich am Ende am anderen

Ufer in dem Besten zu sammeln, was die Menschen tragen kann. Die Wahrheit wird sein, daß alles korrumpiert ist, was man aufgebaut hat in der Verfolgung eines Ziels, das ständig weiter fortrückt, je mehr man glaubt, sich ihm anzunähern. Der Friede dieser Welt wird nicht aus der Hand der Mächtigen geboren. Das ist zu lernen in diesen Tagen. Es gibt kein Instrument des Krieges und des Unheils, das Heil und Frieden bereiten könnte. Es ist eine ewige, buchstäblich satanische Versuchung, zu denken, irgendwann werde dies möglich sein, wenn wir nur die Macht besser und richtiger verwalteten. Es ist aber der *Verzicht* auf Weltherrschaft, der Christus angemessen und entsprechend ist.

Ich denke, daß wir aus den unseligen Verflechtungen am Golf eine ganze Menge an Mut gewinnen können, etwas für die Zukunft zu lernen.

Seit 25 Jahren, seitdem ich Priester bin, vergeht kein Jahr, in dem ich nicht vor Ostern und Weihnachten zu Misereor und Adveniat predigen soll und will und möchte, daß uns Katholiken und Christen die Sorge für Hunger und Elend in der Dritten Welt ein Anliegen ist. Wirklich, die 20 Prozent Katholiken, die sonntags zur Kirche gehen, bringen im Kampf gegen den Hunger in der Welt alljährlich ungefähr 50 Millionen Mark auf. Das ist eine ganze Menge, es ist sehr achtenswert, sehr dankenswert. Setzen Sie es nun aber in Relation: Wir diskutieren im Jahre 1991 über die Fertigstellung der Blaupausen für den Jäger 90. Das ist ein einziges «Waffensystem». Dieses einzige Waffensystem unter vielen hundert anderen kostet schätzungsweise 100 Milliarden Mark. Ich denke, Sie können 100 Milliarden durch 50 Millionen dividieren; dann werden Sie rasch erkennen, daß wir Katholiken in der Bundesrepublik 2000 Jahre lang sammeln und sammeln können, bis wir auch nur den Gegenwert für den Jäger 90 aufgebracht haben! Und inzwischen werden jedes Jahr 50 Millionen Menschen sterben! Dafür ist *niemals* Geld dagewesen, nie und niemals in über 25 Jahren. «Es ist unverantwortlich, für Hungernde Geld auszugeben, das verträgt unsere Wirtschaftsordnung nicht. Erst wenn wir ein reicher, sozial begüterter, mächtiger Staat sind, werden wir und können wir uns die Nächstenliebe leisten!» Jetzt innerhalb von drei Wochen – sind plötzlich 12 Milliarden, 16 Milliarden für den Krieg vorhanden. Eine Steuer für den Krieg wird eingeführt. Es ist uns gleichgültig, ob die Zahl von 50 Millionen Verhungernden auf 80 oder 100 Millionen steigt, wenn wir nur weiter unsere Pflicht tun und weiter unseren Egoismus pflegen. So steht es um die Illusion der Weltreiche, daß das, was wir heute Politik nennen, nichts weiter ist als die Verwaltung des Nationalegoismus. Das darf nicht so bleiben! Christlich ist, zu begreifen, daß die Menschen überall auf der Welt zusammenhängen und man nicht den einen Staat herausheben kann, um den anderen in den Untergang zu treiben. Das Christentum hat die Sicht von einer Welt, die zusammenhängt; eben deshalb dient es nicht der Herrscherwillkür einzelner Staaten oder Mächtiger.

Es gibt für diesen Globus nur eine Lösung der Gemeinsamkeit. Dann aber ist es der blanke Unfug, sich gegen das Elend, gegen die Aggression, die aus dem Elend kommt, gegen den Haß, der der Verzweiflung entstammt, zur Wehr zu setzen und immer so zu tun, als ob *wir* im Recht wären. «Die Palästinenser sind Verbrecher! Nein, mit Palästinensern kann man nicht reden!» – 1,5 Millionen Verzweifelter scheiden aus der Diskussion aus. Sie sitzen seit 40 Jahren im Nichts. Mit ihnen kann man nicht verhandeln, Punctum! Und was werden sie machen? Sie werden Bomben legen, sie werden Terrorakte begehen. Also sind sie noch viel schlimmere Teufel: «Weg mit ihnen! Liquidieren wir sie! Wir haben die Fähigkeiten, die Möglichkeiten und, viel besser noch, das gute Recht auf unserer Seite.» – Was wäre, wenn wir 16 Milliarden Mark aufbringen könnten zur Lösung der Not, beispielsweise der Palästinenser? Es hätte die Bergpredigt zum erstenmal eine wirkliche Chance. «Ihr könnt nicht zweier Herren Diener sein», sagt JESUS, «ihr könnt nicht Gott dienen und dem Mammon. Aber ihr könnt euch Freunde machen mit dem ungerechten Mammon!» (Mt 6,24; Lk 16,9)

Wir haben eine Kirche, die von der Bergpredigt keinen Gebrauch zu machen wagt, sobald es um Politik geht. Für den Raum der Politik hat sie eine famose Lehre, die vom «gerechten» Krieg. Der heilige AUGUSTINUS hat sie, mühselig genug, aus dem römischen Staatsrecht aufgenommen. Seine wirkliche Meinung vom Zustand der Politik steht im *«Gottesstaat»* geschrieben. Dort meint er: «Die Reiche dieser Welt sind große Räuberbanden, die Mord und Erpressung nur deshalb nicht unter Strafe stellen, weil es infolge der Größe ihrer Untaten gar nicht mehr möglich ist.» Es gibt kaum ein verzweifelteres Wort über das, was wir die normale geschichtliche Vernunft nennen. Als blanke Notverordnung denkt AUGUSTINUS daran, daß unter Umständen, wenn eine Aggression sich gar nicht mehr verhindern läßt, es eine Art von kollektivem Notwehrzustand geben könne, ausgerufen von einem legitimen Staatswesen. Die alten Römer, und AUGUSTINUS inbegriffen, bestanden darauf, daß zur Gerechtigkeit des Krieges nicht nur der Anlaß und das Ziel, sondern vor allem die Art der Durchführung zähle. Es sollten Plündern, Morden, das Töten von Unschuldigen, von Frauen und Kindern, in jedem Falle ausgeschlossen bleiben. Und damit sind wir mit der Lehre vom «gerechten» Krieg endgültig am Ende. Noch 1917, nach dem Gaskrieg vor Verdun, hat man im Völkerbund gemeint, es müsse Schluß sein mit dieser Art maschinellen Tötens, wir bräuchten Gesetze, die bestimmte Waffen oder besser gesagt Massenvernichtungsmittel ächten und unter Verbot stellen. Wir haben aus dem Ersten Weltkrieg nur gelernt, daß wir im Zweiten Weltkrieg noch «besser» müßten morden können. Auch das war nicht genug. Die konventionellen Waffen: Gas, Sprengstoff, Brandbomben – das alles war nicht genug! Die Atombombe – auch sie war nicht genug! Die Wasserstoffbombe

– noch immer nicht genug! Gibt es nicht Mikroben, Bazillen, die Menschen millionenfach auf Erden ausrotten können? Pest, Cholera, Botulismus – ein einziger Teelöffel könnte New York oder Peking oder Moskau oder Kairo ausradieren – wo immer man es richtig hinplaziert. Es waren die Zyniker im Pentagon, es waren die Zyniker im Warschauer Pakt, es waren Militärs, die uns gelehrt haben, daß man Menschheitsgeißeln nicht mehr als Instrumente zum Massenmord betrachten müsse, sondern als Waffen, wenn man sie nur richtig einsetzt. Jetzt packt uns der Schauder: Der Teufel SADDAM HUSSEIN könnte im Besitz biologischer Waffen sein. Aber hol's der Teufel, wer hat's ihm denn beigebracht? Wer hat sie ihm gegeben, und wo waren unsere ethischen Beschränkungen, als wir dachten, das gehe alles folgenlos, jede Art von Terror sei gerecht, wenn bloß *wir* ihn ausübten?

Vielleicht lernen wir in diesen Tagen, daß alle Verbrechen sich im Herzen und im Kopf vorbereiten. Dies, daß man Generation für Generation Soldaten ausbildet, denen man zeigt, wie man biologisch oder chemisch oder atomar Krieg führt, ist das Verbrechen im Prinzip. Irgendwann wird zur Wirklichkeit vordringen, was da an Alpträumen ausgeheckt wird. Und dann gnade uns Gott! Daß er uns vergebe, wage ich manchmal nicht zu hoffen.

1942 war es, daß Kardinal OTTAVIANI, ein erzkonservativer Kardinal, von der traditionellen Lehre vom «gerechten» Krieg aus zu dem Schluß kam, ihre Anwendung bedeute, daß es im 20. Jahrhundert keinen «gerechten» Krieg geben könne. Eine Ächtung *jeden* Kriegs müßte auf dem Fuße folgen.

Das, was wir jetzt im Irak erleben, ist die Widerlegung aller Prinzipien, nach denen im Sinne eines «gerechten» Krieges Krieg geführt werden sollte. Ein Krieg, der vier Wochen, fünf Wochen lang mehr als 50 000, am Ende 70 000 Bombeneinsätze über irakische Städte bringt, ein solcher Krieg tötet Tausende von Menschen, macht andere lebenslang zu Krüppeln, wenn sie überleben. Und keinem von ihnen hat man gesagt, wofür das gut sei; für jeden von ihnen versinkt die Welt endgültig in einem Meer von Schmerz und Nacht und Grauen. Was rechtfertigt es, Menschen abzuschlachten, bloß um irgendein Ziel *hinter* ihnen anstreben zu können? Aber genau das ist es, was geschieht. Es ist deutlich zu sagen, daß für das, was sich in diesen Tagen am Golf abspielt, nicht einmal ein Mandat der UNO existiert. Zur Vernichtung des Irak gibt es kein UNO-Mandat. Es ist eine glatte Lüge, zu sagen, die Amerikaner seien die Macht, die den Völkerwillen zusammenbündele und allein die Fähigkeit besitze, ihm Durchschlagskraft zu verleihen. Das Mandat der UNO sah vor, daß militärischer Einsatz zur Befreiung von Kuwait, nicht zur Vernichtung des Irak, möglich sei. Es gab auch kein Mandat dafür, als erstes den Irak in eine Feuerhölle zu verwandeln, um dann Kuwait zu retten. König HUSSEIN von Jordanien hat vor drei Tagen flehentlich und verzweifelt um einen Waffenstillstand in Nahost gebeten, einzig um zu verhindern, daß das Töten immer weitergeht, auch weil sein eigenes Volk am Rand der Existenz steht, weil die Verwirrung in Nahost wie ein Flächenbrand sich ausweiten kann. Die Antwort der wichtigsten Führungsmacht, der Ordnungsmacht der Welt, die fähig ist, den Weltwillen zur Gerechtigkeit zu kanalisieren, lautet schlicht und einfach: «Wir sperren den Jordaniern die 100 Millionen Subventionen pro Jahr, fertig!» Wir haben die Macht, jeden finanziell zu nötigen, der uns widerspricht! Das wird die Ordnung der Welt von morgen: Gott *und* der Mammon, das gilt es zu begreifen!

Also sage ich deutlich: Wir müßten in der Kirche endlich die Kraft gewinnen, aufzustehen gegen das, was heute Politik heißt. Wir müßten sagen: «Dies, was ihr Verantwortung im Rahmen der Politik nennt, ist völlig ohne Vision und Träume. Innerhalb des plattesten Egoismus habt ihr nie die Phantasie, kreativ zu sein für andere; ihr löst nicht Probleme, ihr schiebt sie ständig auf und vergrößert sie. Hunger und Elend ist das, was ihr anrichtet, und *dagegen* müßte etwas geschehen!»

Nicht, wie man sich immer noch besser schützt, immer noch mehr mit Waffen hochrüstet, sondern wie Schluß ist mit der Hochrüstung, dazu hätten wir Deutschen schon im Jahre 1990, am Tag der Wiedervereinigung, etwas zu sagen und zu zeigen gehabt. Nichts bedroht uns, wir brauchen keine NATO. Tatsächlich aber hieß es vor einem Dreivierteljahr: «Die NATO ist gut, damit unsere Verbündeten keine Angst vor einem wiedervereinigten Deutschland bekommen.» Warum konnte denn kein deutscher Politiker sagen: «Vor uns braucht man ab sofort keine Angst mehr zu haben. Wir brauchen kein Militär. Wir nehmen 35 Milliarden Mark pro Jahr und setzen sie, im Sinn einer verantworteten Politik für die Zukunft, im Kampf gegen Hunger und Elend ein. Wir *haben* Weltverantwortung, aber wir begreifen *nicht*, daß unter Weltverantwortung nur zu begreifen sei der Bau von Panzerwagen, das Training im Abwurf von Bomben, der Besitz von Geheimwaffen chemischer, biologischer, atomarer Natur und der Anspruch, das Recht – *unser* Recht! –, die Gerechtigkeit – *unsere* Gerechtigkeit! – mit Waffengewalt zu schützen.»

Es macht mich traurig und bitter, daß die Bischöfe der katholischen Kirche in Deutschland in den Fragen von Krieg und Frieden, jedenfalls solange ich auf dieser Erde lebe, versagt haben. Sie hatten 1956 sogar die Stirn, Jesuiten in den Bundestag zu schicken und sagen zu lassen: «Kein Katholik hat das Recht, den Kriegsdienst zu verweigern.» Diese Meinung hielt sich sieben Jahre lang, bis die Weltkirche den deutschen Bischöfen erklärte, daß es sehr wohl ein Recht auf Gewissensentscheidung im Umgang mit Krieg und Frieden gibt. Nicht die deutschen Bischöfe lehrten das, sondern die Gemeinschaft der katholischen Kirche brachte es ihnen bei. Als 1965 Papst PAUL VI. seine aufrüttelnde Enzyklika *Populorum progressio* zum Fortschritt der Völker erließ und die Weltverantwortung gegenüber den Menschen im Elend anmahnte, war dies die einzige Enzyklika, die in deutschen Landen von den Bischöfen gegenüber den regierenden Parteien kaum in den Mund genommen wurde. Alles andere, die Fragen der Empfängnisverhütung, des Ehebruchs, der Ehescheidung, war wichtiger. Jetzt erleben wir, daß unser Papst JOHANNES PAUL II. vom Krieg eindeutig abrückt und sagt: «Er ist ein Verbrechen, das dem Verbrechen der Aggression tausendfaches Leid hinzufügt; er ist ein Abenteuer, von dem es kein Zurück gibt.» Ist es nicht an der Zeit, daß unsere katholischen Bischöfe eindeutig sagen: Nein zum Krieg, zu diesem Krieg und jedem Krieg!?

Da hat es keinen Sinn, von dem «Dilemma» der Politiker zu sprechen, jedenfalls dann nicht, wenn sie sich ihr Dilemma selbst bereitet haben durch Verweigerung von Gesprächen, durch Abstinenz von Verhandlungen, durch Phantasielosigkeit beim Suchen nach Lösungswegen, beim Offenhalten der «Option des Krieges». Diesen Wahn hat man sich fünf Monate lang ohne Widerspruch angehört: «die Option des Krieges offenhalten»! Am 1. Februar dieses Jahres konnte der Vizepräsident der Vereinigten Staaten in England erklären, daß, wenn das Kriegsziel am Golf mit den konventionellen Waffen nicht zu erreichen sei, er sich die «Option der Atombombe offenhalten» werde. Mit anderen Worten: Entweder sind die Waffen, die wir haben, die Massenvernichtungsmittel, schon gleich stark wie die Atombombe, oder wir haben wirklich die Wünschbarkeit der Atombombe offenzuhalten. Dies alles ohne Widerspruch! Da kann der Massenmord geplant, gewünscht, betrieben werden – ohne Widerspruch!

Doch eine Kirche, die dazu schweigt, ist nicht die Kirche aus dem 4. Kapitel des Matthäusevangeliums; sie ist eine Partnerkirche der Macht, eine NATO-Kirche, eine Ideologielieferantin für die Geschützrohre am Golf. Dies ist Verrat an der Botschaft JESU. Also tue ich in meiner Not etwas, das mir immerhin bleibt: ich verlese stellvertretend ein Wort der evangelischen Kirchenleitung von Westfalen zur Lage am Golf. Es ist eines der wenigen klaren Worte im Namen des Christus, ein wirklicher Trost. Es lautet:

«Wir wissen uns verbunden mit allen Menschen, die angesichts der Kampfhandlungen am Golf in Angst und Ratlosigkeit verstummen oder aufschreien. Wir teilen die Angst vor den verheerenden und unberechenbaren Folgen des Golfkrieges: Tod unzähliger Menschen im Nahen Osten, schwere Umweltschädigungen, Rückschläge in der Wirtschaft und in der Politik weltweit. Mit Entsetzen sehen wir die Gefahr, daß daraus ein Weltkrieg werden kann. Zusammen mit anderen Kirchen haben wir bezeugt: Krieg darf nach Gottes Willen nicht sein! Das gilt auch für den Krieg am Golf. Wir hoffen auf ein schnelles Ende der Kämpfe und fordern, alle Möglichkeiten der Diplomatie zu nutzen, um einen unverzüglichen Waffenstillstand zu erreichen. Wir sehen mit Bestürzung, daß dieser Krieg durch die Lieferung von Waffen und Technik aus vielen Staaten, darunter auch Deutschland, ermöglicht wurde. Als Christen müssen wir bekennen, daß wir nicht entschlossen genug dem Ruf Jesu Christi gefolgt und Werkzeuge seines Friedens geworden sind im Glauben, im Beten und im Tun. Mit Martin Luther rufen wir zu Gott:

Verleih uns Frieden gnädiglich,
Herr, Gott, zu unsern Zeiten!
Es ist ja doch kein andrer nicht,
Der für uns könnte streiten,
Denn du, der Gott, alleine.»
Amen.

Predigt zum ersten Fastensonntag, 16. Februar 1991

Die Logik des Krieges

Wer kann, mag mit dem Kontrast leben: ich mag es nicht. Ich will nicht, daß in diesen Tagen der Herr «unsere Seele erquicket», wie wir soeben im Lied gesungen haben. Und «mir fehlt» *alles*, vor allem aber der Friede unter den Menschen. Was wir erleben, ist genau das Gegenteil des Psalms 23, das Ende der Glaubwürdigkeit jeder biblischen Botschaft vom Frieden, wenn und solange wir Frieden machen wollen mit dem Krieg.

Wir haben diesen Krieg nicht verhindern können, wir können ihn nicht einmal aufhalten, geschweige denn beenden! Und wir haben kein Konzept für das, was danach kommt. Aber eines können wir: Wir können die Fratze des Krieges anschauen in ihrer ganzen Gräßlichkeit und sie studieren mit der Präzision, mit der in der Eiszeit ein Jäger einen Büffel auf den schneebedeckten Feldern anschauen, in sein Gedächtnis nehmen und an die Wände malen konnte: als Vorbereitung darauf, das Untier zu erlegen. Wir können das Ungeheuer Krieg in unsere Phantasie nehmen und es malen wie PABLO PICASSO nach der Bombardierung der nordspanischen Stadt Guernica durch die Legion Condor im spanischen Bürgerkrieg. Da stellt er dar, wie ein Stier mit breiter Stirn, hörnerbewehrt, durch das Gefüge von Mauern einbricht in den Lebensraum von Menschen, mit einer Fackel Feuer legend an die Stätte des Friedens. So sah er die Detonation der Bomben in den Häusern von Unschuldigen.

Es ist wenig mehr als fünfzig Jahre her, daß die Weltöffentlichkeit empört war, weil sie mit ansehen mußte, wie der moderne Krieg Menschen, die nichts mit ihm zu tun hatten: Frauen und Kinder, in den Tod riß. Das Antlitz des Stier-Ungeheuers Krieg war in unseren Tagen auf allen Fernsehschirmen von neuem zu sehen: ein Bunker in Bagdad, gefüllt mit Tausenden von Menschen auf der Flucht vor dem Tod, in einer gnadenlosen Falle. Wie hat man vor der Welt die neuen Waffen gepriesen! Wie genau und geradezu menschenfreundlich sie eingerichtet seien! Präzisionswaffen hätten wir erfunden, die nur die Brücke treffen, nicht das Haus «nebenan». Wenn denn der amerikanische Geheimdienst so genau wußte, daß in einem irakischen Bunker Befehlsstellen und Kommandozentralen waren, wieso wußte er nicht, daß dieser Bunker auch von Zivilisten genutzt wurde?

Natürlich wußten wir, daß im Krieg Menschen sterben. Aber jetzt hat man es *gesehen*: durch das Bombardement zerfetzte Frauen und Kinder. Soll das die Zukunft der arabischen Welt sein?

Schluß damit! Wir wollen einen Bomben-Stopp, eine Feuerpause – jetzt, und mindestens fünf Tage lang! Jedes Schulkind könnte sich ausrechnen, was bei einer Feuerpause von fünf Tagen erreicht werden könnte: Jeder Tag bedeutet 2600 Einsätze. Das macht in fünf Tagen 13 000 Einsätze, und wenn Sie davon ausgehen, daß jeder Einsatz auch nur zehn Tonnen Bomben über den Irak bedeutet, haben Sie die unvorstellbare Summe von 130 000 Tonnen Bomben, die nicht auf Menschen fallen. Ist das kein Gut, für das in diesen Tagen zu kämpfen sich wirklich lohnt?

«Nein, keine Feuerpause am Golf! Keine Verhandlungen über den Waffenstillstand am Golf!» – das ist amerikanische Politik seit Wochen. Damit wird weiterhin das nackte Grauen über Menschen gebracht. Das sind die Hörner des Stiers, das ist sein Nacken, das ist seine Stoßkraft. Aber was geht in ihm vor? Was denkt er sich in seinem hörnerbewehrten Kopf?

Dieser Tage hörte ich einen deutschen Soldaten, der an einen Stützpunkt in die Türkei verlegt wird, sagen: «Ich habe ein unsicheres Gefühl, aber Dienst ist Dienst, und Schnaps ist Schnaps.»

Das ist die uralte Antwort der Landsknechtsmentalität. Nur kein Nachdenken! Weiter den Job nach Vorschrift! Man tut, was befohlen ist. Kannten wir das eigentlich nicht? Haben wir nicht vierzig Jahre lang darüber nachgedacht, daß genau diese Einstellung: «Befehle sind auszuführen, weil sie befohlen werden», und: «Die Verantwortung haben die anderen, ich bin nicht schuldig», vom Nürnberger Gericht bis heute vor dem Forum der Menschlichkeit als Ausrede nicht zugelassen ist?

Vielleicht trägt der Stier eine sehr empfindsame Seele in sich und gibt sich nur so klotzig, weil er mit den eigenen Gefühlen nicht zurechtkommt. In diesen Tagen wurde die Welt fast verstört durch die Möglichkeit eines Friedensangebotes: Rückzug aus Kuwait signalisierte der irakische Revolutionsrat um den Preis von Bedingungen. Die Antwort des amerikanischen Präsidenten war, es handele sich um einen «grausigen Scherz». Der bloße Vorschlag, sagen die Mitarbeiter, habe GEORGE BUSH derart verärgert, daß er die sofortige Fortsetzung der Bombardements befohlen habe. Dies ist eine klare Antwort und ein starker Präsident. Man wird ihn verehren, genauso wie seinen obersten Stabschef POWELL. Schon gilt dieser als einer der nächsten Präsidentschaftskandidaten. Er ist der Mann, der bereits vor Wochen die Parole ausgab, es sei ganz einfach, mit dem Irak fertig zu werden, es gehe nur darum, die rückwärtigen Verbindungen abzuschneiden und zu töten.

Seit der letzten Woche ist ganz Kuwait auf der Landkarte in Killing boxes, in Tötungspäckchen, eingeteilt. Man wird die Bomben darauf programmieren, daß sie genau in jedes Areal hineinschlagen. Das kann noch Wochen so weitergehen, wenn nicht die Öffentlichkeit dem ein Ende macht. Man kann nicht wochenlang als Riese einen Kleineren demontieren, ohne daß die Weltöffentlichkeit den Eindruck bekommt, man handele in einem Übermaß der Stärke und aus einem Übermaß der Feigheit. Doch die militärische Alternative zum Bombenkrieg wäre nur das weiter eskalierende Grauen, das Massenmorden von Menschen gegen Menschen am Boden, in noch viel größerer Zahl. Das ist der Krieg: Wenn er einmal begonnen hat, gibt es aus seiner Logik kein Entrinnen mehr. Eben darin aber verzerren und deformieren sich alle Gedanken, die sonst bestimmt wären, auf Menschlichkeit hinauszulaufen. Es erscheinen die ungeheuerlichsten Dinge wie eine wirklich vernünftige Erwägung.

Dieser Tage fiel mir das Buch des deutschen Professors JULIUS MAIER in die Hände. Weihnachten 1924 hat er es mit einem Vorwort abgeschlossen. Er war Chemiker, und mit diesem Buch legte er eine Studie über den Gaskrieg vor. Für dieses Thema hatte er seit Verdun eine merkwürdige Vorliebe. Seine Auffassung war, daß ein solcher Krieg der Menschheit viel Leid ersparen könne, weil es womöglich doch besser sei, auf friedliche Weise durch Gelbkreuz, ein Chlorgas, das sich in den Lungen zu Salzsäure synthetisierte, einzuschlafen, als von Granaten zerfetzt zu werden. Die deutsche Industrie hatte ja schon auf den Schlachtfeldern von Verdun, im Gaskrieg, ihre Leistungsfähigkeit bewiesen. 1925, als dieses Buch erschien, war der Völkerbund am Ende seiner Möglichkeit, die Waffenproduktion zu begrenzen und in einem politisch erträglichen Maß zu halten.

Noch immer wird von dem Vorwand Gebrauch gemacht, die neueste, noch bessere Waffengeneration erspare den Menschen Leid. Heute sind wir bei der Neutronenbombe angelangt. Ein Zyniker könnte geneigt sein, den Amerikanern einen rasch verlaufenden Krieg zu empfehlen, – er wäre der schmerzloseste, vernünftigste, am meisten eindrucksvolle: Sie brauchten die Neutronenbomben nur so einzusetzen, daß mit Sicherheit alle Killing boxes in Kuwait leergeräumt wären. Es gäbe keine irakische Armee mehr, die Ölbohrstellen würden – zumindest von den Alliierten – nicht versehrt werden, man könnte, nach einem angemessenen Zeitraum, ein wirtschaftlich intaktes Land betreten. Und da kein Land der Welt außer den USA die Neutronenbombe besitzt, wäre dies ein Krieg ohne Gegenwehr und schon dadurch sehr human. Wäre es nicht an der Zeit, die Weltöffentlichkeit darauf einzustellen, daß sie gewisse Vorurteile gegen einen so vernünftigen Krieg endlich über Bord werfen muß? Was soll ein mörderischer Bodenkrieg in Kuwait, wenn alles viel einfacher, klinischer, sauberer gehen könnte? Her mit der Neutronenbombe!

Es gibt keinen Aberwitz, bis zu dem der Krieg nicht vordringt. Dies hat CLAUSEWITZ immerhin erkannt: daß der Krieg in sich selbst nicht die geringste Beschränkung enthält, daß er, ganz im Gegenteil, die Notwendigkeit in sich trägt, bis zum Äußersten zu gehen. Die einzige Beschränkung des Krieges könnte darin liegen, daß man ihn zeigt, wie er ist, und unser Gefühl Gelegenheit bekommt, darauf zu reagieren, indem es der Unmenschlichkeit, der Barbarei und dem Grauen mit einem klaren Nein widerspricht. Es ist dies aber wohl das einzige, was die Amerikaner aus dem Vietnamkrieg wirklich gelernt haben: Man darf die freie Berichterstattung, die Augen der Weltöffentlichkeit nicht zulassen. Man muß morden können, ohne daß es jemand sieht. Nur dann geht es «chirurgisch» präzise. Und es dürfen nicht einmal die eigenen Soldaten sehen, was sie da tun. Hätte man irgend jemandem gesagt: «Geh in einen irakischen Bunker in Bagdad, leg dein Maschinengewehr an und knalle alle Leute ab, die darin sind» – es gäbe in keiner Armee der Welt einen Soldaten, der dies tun würde. Und täte er es, wüßte jeder, daß er ein Krimineller ist, der sich nur durch Zufall in die Armee verlaufen hat, daß er als Massenmörder hinter Schloß und Riegel gehört. Aber wenn man mit genauestens programmierten, in Minutenabstand abgeworfenen Bomben den Ausgang eines Bunkers blockiert, seine Decke durchschlägt und sein Inneres in Flammen aufgehen läßt, dann ist das ein Meisterstück der Technik, ein Präzisionsangriff. Es ist aber, was es ist: das Morden von Menschen zu Hunderten. Der Krieger schließt die Augen und läßt Maschinen das erledigen, was er mit eigenen Händen nicht zu tun vermöchte. So der «moderne» Krieg: er ist die Delegation der menschlichen Verantwortung an die Maschine. Aber die Wirklichkeit der Opfer bleibt dieselbe. Also kann man nur sagen: Schluß mit den Maschinen; denn wir sind verantwortlich. Es gibt keine «Waffensysteme» ohne Menschen, die sie konstruieren, programmieren, exekutieren lassen. Bei uns liegt es!

Infolgedessen wird man es leid, die halbherzigen Kommentare und die vollmundigen Entschuldigungen weiter mit anzuhören. Der Vorsitzende der Deutschen Bischofskonferenz gibt der *Welt* ein Interview, in dem er erklärt, man könne nichts machen, auch die Steuererhöhungen seien wohl nötig, um die 16 Milliarden für den Krieg am Golf aufzubringen. Ein CDU-Politiker erklärt uns, daß vermutlich 30 bis 40 Milliarden DM Kriegskosten auf uns zukommen. Dies ist ein Faß ohne Boden, und es wird mit unbekannt wievielen Toten gefüllt. Weit mehr Menschenleben, als der Krieg im Irak und in Kuwait verschlingen wird, wird er die Hungernden in den Ländern der Dritten Welt kosten. Sie werden zu Millionen weiter sterben – genau des Geldes wegen, das wir nicht haben, nie gehabt haben und niemals haben werden. Soll das die Weisheit sein, für die Bischöfe geradestehen? Daß wir Geld nur haben können für den verlängerten Egoismus, daß für die Kampagne des Mordens kein Preis zu hoch ist, aber für die Verhinderung des Sterbens von Menschen am Hunger nie Geld, Phantasie, Arbeit zu erübrigen sind? Wir hören vom Bischof von Hildesheim, daß dieser Krieg nicht «gerecht» sei, es wohl aber um «gerechtfertigte Verteidigung» gehe. Merkwürdige Wortkunst das, die es fertigbekommt, etwas für gerechtfertigt zu nehmen, von dem man genau weiß, daß es nicht recht ist und sich nach den Prinzipien der Menschlichkeit nicht vertreten läßt. Vom Erzbischof von Paderborn hören wir, dieser Krieg sei ein Dilemma auf seiten der Politiker. Aber wie sind sie denn hineingekommen in dieses Dilemma?

Wenn wir die Gedanken zwischen den Stierhörnern ein bißchen genauer ansehen, die Mechanik der Kriegsvorbereitung und die Psychologie der Kriegsdurchführung betrachten, kommen wir auf merkwürdige Gesetzmäßigkeiten. Wir könnten leicht zwölf Teilnehmer dieser gottesdienstlichen Versammlung herausgreifen, sie in zwei Gruppen aufteilen und, sagen wir: fünf Stunden lang, getrennt übereinander und gegeneinander debattieren lassen. Wir würden herausfinden, daß gemäß den Gesetzen der Gruppendynamik jede Gruppe geneigt ist, ein gewisses Bild von sich selber, ein Autostereotyp, zu entwerfen, in dem sie selbst sehr vorteilhaft erscheint. Von der Nachbargruppe aber wird sie ein Bild entwerfen, das all die negativen Elemente ihrer selbst enthält. Diese Entwicklung in Konkurrenz und Kampf braucht nur ein paar Stunden anzudauern, und die jeweiligen Gruppenmitglieder werden verstehen, daß sich in ihnen alles Gute und in der Nachbargruppe alles Schlechte versammelt. Fängt man an, das wirklich ernsthaft zu glauben, wird der Krieg zuerst eine Möglichkeit und irgendwann sogar eine Pflicht.

Genau das haben wir im Zeitraum des letzten halben Jahres erlebt. Es galt, sich die Option des Krieges offenzuhalten; heute hat die psychologische Nachrüstung ihn längst unausweichlich und zu einer sittlichen Pflicht zur Rettung der Welt von morgen gemacht. Die UNO hat ein Mandat gegeben, notfalls militärische Mittel einzusetzen, um Kuwait zu befreien. Davon sind wir weit entfernt. Wir hören heute, daß SADDAM HUSSEIN ein solcher Verbrecher ist, daß er samt seiner Maschinerie des Tötens für alle Zeit ausgeschaltet werden muß. Dies ist inzwischen das Hauptargument für diesen Krieg. Nicht die Befreiung Kuwaits, sondern die Beseitigung SADDAM HUSSEINS und all seiner militärischen Möglichkeiten ist inzwischen das Ziel, und wir glauben es. Auf diesem Wege sind Tausende von Toten nicht zu viel; denn es gilt, einem noch schrecklicheren Grauen zuvorzukommen: SADDAM HUSSEIN als einem zweiten ADOLF HITLER.

Am 4. Februar schrieb HANS MAGNUS ENZENSBERGER im *Spiegel,* daß in SADDAM HUSSEIN, wahlweise in anderen Diktatoren, sich ein Zustand der Todessehnsucht so personifizieren könne, daß er wie ansteckend auf ein ganzes Volk zu wirken vermöge. Es sei nicht mehr, wie sonst in der Diplomatie, das Ziel des Überlebens gesetzt, als Ziel eines Diktators sei es möglichst viele in den Tod hineinzureißen und selbst als letzter in den Tod zu gehen. Wenn dies so wäre, hätte FREUDS Theorie vom Todestrieb ihre Durchsetzung gefunden. Doch was könnte dann anderes aus solchen Überlegungen folgen, als daß auch heute noch ganze Völker in einen Zustand schwerster Psychopathie, eines Massenwahns, eines selbstzerstörerischen, masochistischen Hangs zum Selbstmord abdriften können? Dann aber müßte man den Begriff finden, der diesen Gefühlszustand definiert. Man müßte sagen: Ein solches Volk ist völlig *verzweifelt.* Kaum spricht man das aus, weiß man, daß ein Krieg keines der Probleme lösen wird, denen wir gegenüberstehen. Man müßte vielmehr alle Völkerpsychologie dafür aufwenden, um herauszufinden, welche Chancen es gibt, ein Volk, das den Mut zum Leben und den Willen zum Glück verloren hat, an der Hand zu nehmen und es hinüberzuführen zu seinem ursprünglichen Stolz, zu seiner Würde, und es aufzurichten in dem Mut zu seinem eigenen Dasein.

Ich höre oft sagen, der Pazifismus habe kein Problem der Hitler-Ära lösen können. Mir scheint, daß ADOLF HITLER uns erspart geblieben wäre, hätten die Nationen spätestens 1920 die Programme des damaligen amerikanischen Präsidenten WILSON ernst genommen, hätten sie nicht einfach einem einzelnen Volk die Schuld an allem, was geschah, aufgebürdet, sondern den Beschluß gefaßt, auf allen Seiten abzurüsten – Franzosen, Engländer, Amerikaner, Russen, Italiener, Österreicher, alle, ohne Ausnahme –, und hätten sie dem deutschen Sechzigmillionenvolk die Schande erspart, als einziges abrüsten zu müssen. Der konsequent gehandhabte Pazifismus wäre ein sicherer Weg gewesen, den Faschismus zu verhindern. Einzig die Halbherzigkeit staut Konflikte auf, die am Ende wirklich kaum noch lösbar sind.

Wir aber müssen uns vor den Projektionen hüten, die schließlich wirklich den Krieg «heilig»sprechen. Vor drei Monaten galt, daß mit SADDAM HUSSEIN überhaupt keine Verhandlungen zu führen seien: «Er hat sich zu unterwerfen, oder es gibt Krieg.» Jetzt sind wir im Krieg, und wir hören, der Irak möge zu Verhandlungen vorschlagen, was er wolle, man werde nicht darüber reden. «*Wir* werden nicht darüber reden.»

Für die arabischen Massen ist es absolut plausibel, zwischen der UNO-Resolution 660 und der UNO-Resolution 242 eine Gleichgewichtigkeit herzustellen. In der Resolution 242 wurde Israel zur Räumung der besetzten Gebiete, insbesondere des Westjordanlandes, aufgefordert. Die Araber verstehen nicht, wieso seit dem Jahre 1967 keinerlei Maßnahmen getroffen werden konnten, um diesen Beschluß durchzuführen, wieso aber bei dem Beschluß zur Räumung von Kuwait augenblicklich der erbarmungsloseste Krieg geführt werden muß.

Warum ist es kein vernünftiger Vorschlag, Kuwait zu räumen und die Westbank freizumachen für einen neuen Palästinenserstaat? Man macht sich Gedanken über die Ordnung, die nach diesem Krieg eintreten wird. Der amerikanische Präsident entwirft uns die Vision einer neuen Weltordnung und projiziert all das, was an guten Motiven sein schlechtes Gewissen durchzieht, in eine «Zukunft danach». Die Stufen zum Walhall dieser neuen Weltordnung mögen noch so blutbefleckt sein, irgendwann wird dieses Heiligtum des Friedens zu betreten sein.

Es läßt sich aber jetzt schon voraussagen: Die arabische Welt *nach* diesem Krieg wird in der gesamten Region von einem leidenschaftlichen Haß durchsetzt sein. Man wird wieder einmal gelernt haben, was es heißt, gedemütigt und ohnmächtig im Leiden zu sein. Haß und Rache werden die Gedanken bestimmen. Und man wird nicht ertragen, was wir schon nicht mehr verhindern können, weil wir es gar nicht verhindern wollen: den Plan des Staates Israel, in den nächsten drei Jahren in den besetzten Gebieten 40 000 Wohnungen einzurichten. Der Staat Israel hat ein Recht auf Anerkennung seiner Grenzen und auf ein Leben in Frieden, aber nicht auf das fortgesetzte Unrecht auf Kosten von Palästinensern. Wir Deutsche haben kein Recht dazu, in israelische Politik hineinzureden, das ist wahr! Wir haben jedes Mitspracherecht gegenüber dem Volk der Juden verloren. Aber wir dürfen und müssen sagen, daß Palästinenser nicht verpflichtet sind, die Schuld der Faschisten des «Dritten Reichs» zu tragen. Sie sind nicht verpflichtet, die Hypothek unserer Greueltaten zu übernehmen. Auch sie haben ein Recht auf Heimat!

Wenn es denn möglich sein soll, nach diesem Krieg in einer Nahost-Konferenz die Probleme der Region anzugehen und mutig zu lösen, warum, frage ich, ist das dann nicht jetzt und heute möglich? Warum war es nicht vor Ausrufung dieses Krieges möglich? Und wieviel Leid muß Menschen noch zugefügt werden, bis alle eines unbedingt wollen: den Frieden?

Man sagt, wir in Europa hätten genug Zeit gehabt, so viele Kriege zu führen, daß wir die Unsinnigkeit dieses Vorgehens begreifen konnten, und dann sollten wir auch begreifen, daß es keine guten Gründe mehr gibt für eine Politik, die den Krieg nicht absolut ausschließt. Es wäre das Gebot der Stunde, sittlich, moralisch, religiös zu fordern: Beendet den Krieg! Er darf nicht sein, solange ein Gott im Himmel ist als Vater aller Menschen.

Und dann gibt es keine Entschuldigung, kein ausweichendes Reden vom *Dilemma* des Krieges. Dieselbe Kirche, die einer Frau, die nicht ein noch aus weiß, ins Gewissen redet, daß sie nicht töten darf, hat bei einiger Logik ihrer Prinzipien die verdammte Pflicht, den Staatsmännern zu sagen, daß sie kein Recht besitzen, zur Erreichung irgendeines Ziels Frauen und Kinder zu töten. Zur Erreichung *keines* Ziels gibt es dafür ein Recht. Es gibt auch kein Recht dazu, die Untätigkeit aus vierzig Jahren verfehlter Nahost-Politik zu einem *Dilemma* zu stilisieren, das nur einen Ausweg kennt: den Krieg. Es ist Nein dazu zu sagen. Und zu dem Preis, der uns Deutschen abverlangt wird, genauso eindeutig: nein. Möge man eine Steuer zugunsten der Humanität einführen, um den Regenwald zu schonen, die Sahelzone zu tränken, die Not in den Ländern der Dritten Welt zu bekämpfen, das Bevölkerungswachstum zu kontrollieren – für all dies: ja. Für den Krieg: nein.

Man hat, als der Vietnamkrieg zu Ende ging, geglaubt, man könne den Frieden für möglich erklären. LOTHAR ZENETTI schrieb damals sinngemäß: «Noch jeder Krieg begann mit großen Worten, mit Aufrufen und Appellen: Zu den Waffen, Männer, der Feind steht im Land. Erhebt euch, schlagt ihn, wo ihr ihn trefft! Ausrufungszeichen hinter jedem Satz! Sagt selbst: Hat das nicht immer gewirkt? Das Spiel konnte beginnen, das Hurra-Spiel, das Heldenspiel, das Stirb-oder-töte-Spiel. Ein böses Spiel. Nun rate ich euch, es einmal statt dessen anders zu versuchen: Macht ein Fragezeichen hinter jeden Satz. Zu den Waffen, Leute? Doch weshalb, was sollen wir dort? Der Feind steht im Land? Na und? Erhebt euch? Wozu? Wir sitzen gerade so schön. Gewonnen hat, wer der Menschheit beim Überleben hilft. Zum Beispiel indem er Fragen stellt. Ja, dies vor allem. Was meint ihr, Freunde? Vielleicht ist der Weg zum Frieden wirklich mit Fragezeichen gepflastert ...»

Ich möchte, daß er vorangetrieben wird mit einem Ausrufezeichen, das lautet: Nie wieder Krieg! Es ist das einzige, was wir lernen müssen, was wir den Politikern entgegenhalten müssen, was wir unseren Bischöfen beibringen müssen, was wir der Öffentlichkeit einhämmern müssen: Nie wieder Krieg! Wenn die Menschen auf diesem Planeten sollen zusammenleben können, müssen wir diesen Satz lernen. Die Gelegenheit dazu haben wir jetzt. Lassen wir sie nicht verstreichen! Amen.

Nachwort aus: Reden gegen den Krieg, 1991

Der Friede ist kein Ziel, er ist ein Weg

Seit heute morgen sechs Uhr schweigen die Waffen am Golf. Der amerikanische Präsident hatte in dieser Nacht die Freude, berichten zu können, daß alle militärischen Ziele genau hundert Stunden nach dem Beginn der Bodenoffensive erreicht seien, und er dankte den tapferen Soldaten, er ließ für sie beten, und er schloß mit den Worten: «Gott segne unsere Nation.» Und schon zeigt man uns jubelnde Kuwaitis und Kinder mit Spruchbändern in den Händen: «We thank you, Mr. Bush.»

Wir danken dem amerikanischen Präsidenten nicht. Wir fänden es schlimm, wenn aus diesem Krieg wieder einmal gelernt würde, daß man «Geschichte» offenbar nur mit einer Politik der Härte und der Stärke machen kann. Was denn hat man erreicht? Zugegeben, auf amerikanischer Seite sind die «Verluste» weit geringer geblieben, als zu befürchten stand: «Nur» 79 amerikanische Soldaten mußten seit Beginn des Golfkrieges ihr Leben lassen, davon 28 seit Beginn der Bodenoffensive vor vier Tagen. Aber: konnte man das vorher wissen? Es wurde kein Giftgas eingesetzt, keine biologischen «Waffen» (!) wurden verwendet, aber es wäre möglich gewesen, und was dann? Hier wurde mit Menschenleben gespielt, tagelang, wochenlang, und wir mußten es ansehen, ohne etwas dagegen tun zu können. Ebendeswegen werden und wollen wir alles tun, daß diese Art des Denkens, daß dieser Zynismus der Macht im Umgang mit Menschen, sogar mit denen der eigenen Gruppe, sich niemals mehr wiederholt. Niemals mehr darf der Krieg als eine politische «Option» gehandelt werden. Er ist immer eine menschliche, zumeist auch eine politische Katastrophe. Er darf niemals mehr sein. Denn vor allem gibt es eine Kehrseite: die Verluste des Gegners. Ihrer gedenkt GEORGE BUSH bis heute mit keinem Wort. Man präsentiert uns stolze Erfolgszahlen: Das US-Oberkommando teilt mit, seit dem Beginn der Bodenoffensive seien 29 irakische Divisionen mit rund 260 000 Mann «ausgeschaltet» worden. Wie schaltet man 260 000 Mann aus? Wie viele Tote, wie viele Verwundete, wie viele, die unversorgt unter furchtbaren Schmerzen im Niemandsland verenden? Wir werden es niemals wissen, wir brauchen es offenbar nicht zu wissen, es ist uns egal. Es ist uns egal? Was eigentlich glaubt der amerikanische Präsident der Welt für ein «Signal» geben zu können? Was ist das für eine neue Weltordnung, für die ihm all das Grauen notwendig schien? Noch wenige Stunden vor dem Beginn der Bodenoffensive am vergangenen Samstag gab es eindeutige Signale aus Bagdad, die Iraker würden sich aus Kuwait zurückziehen. Schon zu diesem Zeitpunkt schätzte man die Zahl der Opfer auf irakischer Seite auf etwa 20 000 Tote und 60 000 Verwundete. Doch GEORGE BUSH brauchte seinen Bodenkrieg, die Erfüllung seines «Fahrplans». «Hier hat», erklärte der Sprecher des sowjetischen Außenministeriums, «der militärische Instinkt über die Diplomatie gesiegt.» So war es. Man hatte die «Ratte» in der Hand, und jetzt wollte man sie auch zerquetschen. Man ließ noch bis gestern nacht Bagdad bombardieren. Wofür?

Manchmal, bei einem Spaziergang durch die Senne oder in der Lüneburger Heide, ziehen mich die Soldatenfriedhöfe aus dem Zweiten Weltkrieg an, und immer wieder bin ich erschrocken, die vielen Gräber von 20jährigen zu sehen, die wenige Wochen oder Tage vor Kriegsende getötet wurden. Mein eigenes Heimatdorf, Bergkamen, wurde noch im Februar 1945 von den Bombern der Alliierten unter Großangriffen dem Erdboden gleichgemacht – ein Dorf mit 6000 Einwohnern, sechs Wochen vor der endgültigen Kapitulation. Am gestrigen Tage hatte

Bagdad bereits kapituliert, die Truppen befanden sich auf dem Rückzug bzw., wie General SCHWARZKOPF sich ausdrückte, in «heilloser Flucht» nach Norden; es war der amerikanische Präsident, der unbedingt westlich von Basra die größte Panzerschlacht seit dem Zweiten Weltkrieg inszenieren mußte: 250 amerikanische Panzer gegen 200 Panzer der Iraker. Schon am Mittwoch dieser Woche hatte es geklappt, da hatte man westlich der kuwaitischen Grenze eine Panzerdivision der Republikanischen Garde «zerstören» können. Jeder zerstörte Panzer, das sind drei bis vier Menschen, die bei lebendigem Leibe in ihrem Tank verbrennen wie in einem Ofen. Aber: es ist Grund, stolz zu sein auf die tapferen amerikanischen Soldaten. Sie haben mehr als 3000 irakische Panzer, 1857 Schützenpanzer und 2140 Artilleriegeschütze erbeutet oder vernichtet. Wann endlich wird man aufhören, Siege dieser Art zu «feiern»? Wann endlich wird man sie erleben als das, was sie sind: als Niederlagen der Menschlichkeit, als Reflexe eines bloßen Macht- und Killerinstinktes, als das Ende des menschlichen Gefühls vor der mundverbiegenden Einseitigkeit eines nur in der linken Hirnhälfte funktionierenden Denkens?

Jeder wird es in diesen Tagen begriffen haben, trotz aller in den Medien nachgeschobenen «vernünftigen» Erklärungen: Dieser Massenmord an weiteren Tausenden von Menschen war absolut unnötig. Er war in keiner Weise gedeckt durch die UNO-Resolutionen 660 bis 678. Da wurde und wird immer noch die «Völkergemeinschaft» beschworen, um das Vorgehen der Amerikaner zu rechtfertigen. Aber schon das haben die USA geschafft: sie haben bewiesen, daß die UNO, daß der Weltsicherheitsrat in den entscheidenden Augenblicken vollkommen stumm bleibt, ein ohnmächtiger Zuschauer, der am letzten Samstag noch nicht einmal zeitlich imstande war, der Highnoon-Politik des amerikanischen Präsidenten Paroli zu bieten. Die «Völkergemeinschaft» soll offenbar nach dem Zusammenbruch der Sowjetunion tanzen nach dem Willen der USA als der Ordnungsmacht Nummer eins – *das* ist allem Anschein nach die neue Weltordnung, die GEORGE BUSH uns versprach. Die UNO-Resolution als eine Art Ermächtigungsgesetz, um die Infrastruktur des Irak zu zerstören, das Land so weit als möglich zu entwaffnen, SADDAM HUSSEIN durch die Fortsetzung des Handelsembargos und mit Hilfe enormer Reparationsforderungen zu stürzen und sich in der Region beim Wiederaufbau der zerstörten Gebiete unentbehrlich zu machen – sind das die Ziele, die das Töten von Tausenden von Menschen rechtfertigen? Hier geht es nicht mehr um Moral. Hier ist die Moral nichts weiter als ein Propagandamittel der Machtausübung und -erweiterung.

Gewiß, Kuwait wurde befreit, aber um welchen Preis? Es hätte Mittel gegeben, das kleine Land auch ohne Krieg den Händen SADDAM HUSSEINS zu entwinden. Es hätte noch in der letzten Woche die Chance gegeben, das Schlimmste zu verhüten. Das einst blühende Land, Kuwait-Stadt selber ist ein Trümmerhaufen, 650 von 900 Ölquellen stehen in Brand, es wird, so schätzt man, fast ein Jahr dauern, ehe mit einer geordneten Produktion wieder begonnen werden kann. Die materiellen Schäden liegen bei 100 Milliarden Dollar. Hundert Milliarden – das ist offenbar die magische Zahl für all die Ereignisse am Golf: sie wurde schon genannt als Preis für den Aufmarsch, sie wird taxiert als Summe der Kosten des Krieges, sie gilt jetzt als die Höhe der Schäden in Kuwait, und vom Irak ist noch gar keine Rede. Was alles ließe sich machen mit 3- bis 5mal 100 Milliarden Dollar! Wir werden sie niemals haben im Kampf gegen den Hunger, die Überbevölkerung, das Sterben der tropischen Regenwälder – mein Gott, wie groß könnte GEORGE BUSH sein, wenn er sich nicht alle Mühe gegeben hätte, SADDAM HUSSEIN besiegen zu wollen mit nichts anderem als – SADDAM HUSSEIN!

Aber SADDAM HUSSEIN ist ein zweiter HITLER!? SADDAM HUSSEIN ist weit eher ein zweiter STALIN als ein zweiter ADOLF

HITLER – schließlich war er im Krieg gegen Iran acht Jahre lang, wie STALIN nach dem Pacht- und Leihgesetz der USA 1942, ein Hauptempfänger amerikanischer Waffenlieferungen, ehe er zum Gegner der westlichen Führungsmacht wurde. Und es ist nicht wahr, daß nur «der Diktator in Bagdad» an allem die Schuld trägt.

Es ist ein bitteres Unrecht, das wir den Arabern zufügen, wenn wir sie in die Nähe des deutschen Faschismus rücken. Wir Deutsche haben im «Dritten Reich» sechs Millionen europäische Mitbürger, nur weil sie Juden waren, getötet. Für die Araber ist dieser unsinnige Golfkrieg nur eine weitere Etappe in dem vierzig Jahre alten Kampf gegen Israel. Nichts hat sich daran geändert, solange nicht Israel zur Erfüllung der UNO-Resolution 242 zum Rückzug aus (den) besetzten Gebieten des Sechs-Tage-Krieges von 1967 gezwungen wird. Wollen wir auch jetzt noch ungerührt fortfahren, die arabischen Massen «fanatisiert» zu nennen und sie zu beschimpfen als «kriminell wie ADOLF HITLER»? Sie verlangen zu Recht eine Heimat für die Palästinenser. Auch die Kinder ISMAELS sind Nachkommen ABRAHAMS.

Dieser Tage fragte mich eine Lehrerin, ob ich denn die Bilder von Auschwitz nicht kenne, ob ich nicht wisse, daß mit Leuten wie HITLER oder SADDAM keine Verhandlungen möglich seien. O ja, ich kenne die Bilder von Auschwitz. Als ich 17 Jahre alt war – soeben wurde die Bundeswehr aufgebaut –, besorgte ich mir eine Lizenz zur Vorführung von Schmalfilmen. Ich weiß nicht, wie oft in wie vielen Gruppen ich damals ALAIN RESNAIS' Film *Nacht und Nebel* gezeigt habe; es ist der erschütterndste Film über die Judenpogrome, der je gedreht wurde. Der französische Filmregisseur drehte aber auch (nach dem Drehbuch von MARGUERITE DURAS) den Film *Hiroshima mon amour* – die Geschichte einer Frau aus Nevers, die man am Tag der Befreiung 1945 ihrer Liebe zu einem Deutschen wegen als Soldatenhure beschimpft und entehrt hatte. Alle Glocken der Stadt läuteten am Tag der Befreiung, sie selbst aber lag einen Tag und eine Nacht lang an der

Seite ihres getöteten Geliebten. Um einen «Werbefilm» gegen den Krieg zu machen, hält sie sich in Hiroshima auf. Sie hat all die Ausstellungen, die Bilder des Grauens gesehen: 10 000 Grad auf dem Platz der Sonne … «Du hast nichts gesehen in Hiroshima», sagt immer wieder ihr japanischer Freund. Das wirkliche Leid des Krieges kann niemand sehen. Es zerstört Menschen für den Rest ihres Lebens. Aber, so sagt RESNAIS' Film: «Wir müssen uns erinnern, sonst wird alles wiederkommen.»

Darum darf es nicht sein, daß die Antwort auf Auschwitz lauten soll: Hiroshima. Und die Antwort auf Kuwait: Bagdad brennt. Und die Antwort auf SADDAM HUSSEIN: nur immer wieder – SADDAM HUSSEIN. Die einzige Chance der Zukunft ist der Friede. Der Friede aber ist kein Ziel, er ist ein Weg. Und wer nicht mit ihm beginnt, der wird niemals bei ihm ankommen. Statt der tapferen Soldaten segne Gott uns alle. Der Friede, meint HUGO ERNST KÄUFER, ist ein Weg der «kleinen Schritte»:

> «So einfach / ist der Frieden: / das Bett / zum Ausruhen / die Liebe / um nicht / allein zu sein / das Brot / um satt zu werden / der Arbeitsplatz / um teilzuhaben / das Buch / um etwas zu lernen / das freundliche Wort / für den türkischen Nachbarn / das Ja zum Wir / ohne Heuchelei
> Die kleinen Schritte / auf dem Weg / zum Glück
> Der Frieden / fängt ganz unten an.»

So sagen wir, die wir ganz unten sind, zu den Mächtigen dort oben: Wir sind das Volk. Wir wollen keinen Krieg. Nie mehr. Unter keinem Umstand mehr. Wir brauchen Helden der Geduld, nicht Helden neuer Schlachten. Wir brauchen die Phantasie der Güte, nicht den Heroismus der Gewalt. Wir brauchen eine Politik, die der gesamten Menschheit dient und nicht dem Nationalstolz einzelner. Wir brauchen ein Vertrauen, das es wagt, das Böse zu besiegen durch das Gute.